세 상에 대하여
우리가
더잘 알아야 할
교양

32

지은이 | 옮긴이 | 감수자 소개

지은이 **로라 헨슬리**

예술과 문학, 대중문화에 관심이 있는 작가이자 편집자입니다. 주요 저서로는 《모두를 위한 예술(Art for All)》《예술 작품을 어떻게 읽을 것인가(How to Read a Work of Art)》 등이 있습니다.

옮긴이 **김지윤**

동국대학교 영화영상학과를 졸업했습니다. 정치 및 역사, 예술 분야에 관심이 많습니다. 각종 단편 영화를 기획, 제작한 바 있으며 현재 출판 기획 및 전문 번역가로 활동하고 있습니다. 주요 역서로는 《패션을 뒤바꾼 아이디어 100》《INVITATION: DAYDREAM/QUIET》 등이 있습니다.

감수자 **심성욱**

한국외국어대학교에서 신문방송학 학사, 미주리대학교에서 광고학 석사, 플로리다대학교에서 광고학 박사 학위를 받았습니다. 현재 한양대학교 광고학과 교수로 디지털 미디어론, 옥외 광고론에 대해 가르치고 있습니다. 주요 저서로는 《디지털 미디어와 광고》《옥외 광고 효과와 유통 구조》 등이 있습니다.

세상에 대하여 우리가 더 잘 알아야 할 교양

로라 헨슬리 글 | 김지윤 옮김 | 심성욱 감수

32

광고

그대로 믿어도 될까?

내인생의책

차례

※ 본문의 **굵은 글씨**로 표시된 단어는 86페이지 용어 설명에서 찾아보세요

| 감수자의 글 |

　여러분도 텔레비전이나 라디오를 통해 건강식품 광고를 본 적이 있을 것입니다. 광고는 특정 제품 하나만 먹으면 모든 건강 문제가 해결될 것처럼 말하지요. 하지만 그러한 광고는 소비자를 현혹하는 과대광고입니다. 제품의 효과를 과장해서 소비자의 올바른 판단을 방해하기 때문이지요. 과대광고뿐만 아니라 선정적이거나 피로감을 주는 유해 광고도 존재합니다. 때로는 광고 효과를 높이기 위해 여러 가지 속임수들도 동원되지요. 청소년도 한 사람의 소비자입니다. 따라서 광고의 여러 가지 면모를 자세히 알아둘 필요가 있습니다. 나아가 나쁜 광고를 직접 비판할 수도 있겠지요. 그러면 양질의 광고가 점차 많이 제작될 테니까요.

　기본적으로 광고는 광고주의 의도대로 메시지를 만들고, 여러 매체를 통해 그 메시지를 전달하는 것을 의미합니다. 그런데 이 과정에서 광고주의 입장만 고려하면 정직한 광고가 만들어지지 않습니다. 반대로 소비자의 입장만 생각하면 광고의 본래 목적에 부합하지 못하게 되지요. 정직한 광고와 본래 목적에 부합하는 광고 사이에서 균형을 잡기는 쉽지 않은 일입니다. 또한, 하나의 광고가 탄생하기까지는 많은 사람의 노력이 필요합니다. 우리가 흔히 알고 있는 카피라이터나 디자이너 외에도 많은 이들이 광고를 제작하기 위해 일하고 있지요.

　이 책은 어떠한 원칙에 따라 광고를 만들어야 하는지, 또 광고는 어떠한 과정을 거쳐 완성되는지 자세히 알려 줍니다. 인터넷 광고처럼 최근 새롭게 나타난 광고의 형태도 살펴볼 수 있지요. 이를 통해 여러분은 광고의 트렌드가 어떠한 방향으로 흘러가고 있는지 알게 될 것입니다.

최근 우리 주위에 너무나 많은 광고가 넘쳐나면서 과대광고와 유해 광고도 점점 많아지고 있습니다. 그래서 소비자들은 광고에 대해 부정적인 선입견을 품고 있는 경우가 많습니다. 그렇다면 광고는 항상 나쁜 것이기만 할까요? 그렇지 않습니다. 광고에는 제품 판매를 촉진하는 경제적 기능과 같은 긍정적 효과도 있지요. 이 책은 광고의 긍정적인 면과 부정적인 면을 균형 잡힌 시각으로 설명해 줍니다. 청소년 독자들은 이 책을 통해 광고의 개념을 잘 이해하고, 광고의 속임수를 꿰뚫어볼 수 있는 눈을 가지게 될 것입니다. 그리고 더 나아가서는 광고가 사회에 미치는 긍정적인 영향을 더욱 확대·발전시켜 주기를 기대합니다.

한양대학교 광고학과 교수 **심성욱**

들어가며 : 어디에서나 볼 수 있는 광고

눈치챘을지 모르겠지만, 광고는 우리 일상에서 중요한 부분을 차지하고 있습니다. 광고는 텔레비전이나 광고판 등을 통해 대중에게 각종 제품과 서비스를 소개합니다. 연구에 따르면 사람들은 매일 5천여 개에 달하는 광고를 접하게 된다고 해요.

우리는 일상생활 속에서 늘 광고와 마주칩니다. 신문과 잡지, 텔레비전, 인터넷과 이메일, 버스, 간판과 포스터에서, 심지어 비디오 게임을 하다가도 광고를 볼 수 있습니다. 광고라는 것을 알아차리기 어려운 광고도 많습니다. 영화 속 주인공이 자연스럽게 특정 브랜드의 탄산음료를 마시는 경우처럼 말이지요. 이러한 장면은 광고처럼 보이지 않지만 사실은 특정 탄산음료의 광고입니다.

광고의 영향

그렇다면 광고는 우리에게 어떤 영향을 미칠까요? 어떤 사람들은 광고가 유용하다고 주장합니다. 광고가 우리에게 여러 제품 중 어떤 것을 사야 할지 결정하는 데 도움을 주기 때문이지요. 또 제품과 서비스를 판

미국 뉴욕의 타임스퀘어를 방문한 사람들은 수많은 광고에 둘러싸이게 된다.

매하는 데도 기여합니다. 판매가 잘 되면 새로운 일자리가 많이 만들어지고, 그 결과 경제가 잘 돌아가게 되지요. 사람들이 아무것도 사고팔지 않으면 경제가 돌아가지 않을 테니까요.

하지만 광고에 대한 우려의 목소리도 높습니다. 광고가 사람들에게 불필요하거나 형편에 맞지 않는 제품을 사도록 부추긴다는 이유 때문입니다. 담배나 술 광고는 사람들이 건강에 나쁜 생활 습관을 갖도록 조장하기도 하지요. 연구에 따르면 사람들은 광고를 보고 스스로가 광고에 나오는 사람들보다 못하다고 느낀다고 합니다. 광고 때문에 열등감을 갖게 되는 것입니다.

똑똑한 소비자 되기

이 책을 읽고 나면 광고가 우리에게 어떤 식으로 영향을 미치는지 알게 될 것입니다. 광고는 소비자가 물건을 구매하도록 하기 위해서 온갖 전략과 기술, 속임수를 사용합니다. 광고가 하는 일이 무엇이고 우리에게 어떤 영향을 주는지를 이해한다면 우리는 더 똑똑한 소비자가 될 수 있을 거예요.

광고는 앞으로도 항상 우리 일상의 일부를 차지할 것입니다. 하지만 광고가 우리의 선택에 얼마나 영향을 주게 될지는 우리 자신에게 달려 있는 문제입니다.

1
CHAPTER

광고의 역사

광고가 지금처럼 거대 산업이 된 것은 산업 혁명 뒤의 일입니다. 1800년대에 회사의
로고, 브랜드 등이 등장했고 사람들은 광고 덕분에 특정 브랜드의 제품들을 알아보기
시작했습니다. 그 후 다양한 매체의 발달과 함께 광고도 점점 발전했습니다.

사람들은 오래전부터 기본적인 광고를 해 왔습니다.

그 한 예가 간판이에요. 하지만 **산업 혁명**이 일어나기 전의 광고는 오늘날처럼 큰 규모의 산업이 아니었어요. 광고가 지금과 유사한 모습이 된 것은 1800년대 유럽에서 다양한 기계가 발전하고 많은 공장이 생겨난 뒤부터였답니다.

광고의 시작

산업 혁명이 일어나기 전에는 필요한 물건을 대부분 동네 상점에서 구할 수 있었습니다. 생활에 필요한 것들을 직접 만들거나 재배하기도 했지요. 그러나 산업 혁명으로 공장이 들어서면서 사람들은 한꺼번에 많은 물건을 만들 수 있게 되었습니다. 또 철도 노선이 증가하면서 대량 생산한 제품을 먼 곳까지 운반할 수도 있게 되었지요. 사람들은 필요한 물건을 직접 만들어 쓰기보다는 이미 만들어진 제품을 구입하는 소비자가 되는 편이 훨씬 경제적이라고 생각하기 시작했습니다.

공장이 발전하면서 식품에서 비누, 의류에 이르기까지 구입할 수 있는 제품들이 매우 다양해졌습니다. 반면 초기의 광고는 사람들에게 상

이 그림은 1800년대 후반의 비누 광고다. '건강을 지키기 위해' 비누를 사용하라는 이 광고는 오늘날에도 효과가 있을까?

품을 알리는 광고지나 명함, 전단이 전부였지요. 한편 산업 혁명이 전개되는 동안 새로운 인쇄 기술이 발달함에 따라 신문과 잡지의 가격은 저렴해져 많은 사람에게 보급되었습니다. 그러자 기업들은 신문과 잡지 같은 **매체**에 광고를 하고 싶어 했습니다. 많은 사람에게 자신의 상품을 알리고 싶었기 때문이지요. 결국 1800년대 중반 처음으로 광고 회사들이 등장했습니다. 광고 회사는 광고를 내고 싶어 하는 기업에게 신문과 잡지의 '공간'을 팔았습니다.

브랜드의 탄생

1800년대 중반까지 지역 상점들은 아무것도 적히지 않은 상자에 제품을 넣고 팔았습니다. 1880년대에 처음으로 회사의 이름과 **로고**가 찍힌 개별 포장 제품이 등장했고, 사람들은 포장 광고 덕분에 이 제품들을 알아보기 시작했습니다. 그리고 오늘날과 마찬가지로 잘 알려진 브랜드를 더 높이 평가하게 되었지요. 코카콜라 같은 유명 브랜드들은 이 시기부터 널리 알려졌습니다.

거대 산업이 되다

1900년대가 되자 대규모의 광고 회사가 모습을 드러내기 시작했습니다. 거대 광고 회사는 광고에 알맞은 어구와 이미지를 전문적으로 만드는 사람들을 고용했습니다. 그리고 광고를 잘 하기 위해서는 제품의 **타깃 고객**이 무엇을 원하는지 조사하는 것이 중요하다는 사실을 깨달았지요.

1920년대에 광고업계는 최신 패션 아이템을 구매하는 젊은 여성들, 즉 플래퍼(flapper)들에게 어필하려고 노력했다.

신문과 같은 전통적인 매체는 1900년대 초반에도 지금처럼 주요한 광고 수단이었습니다. 광고판이나 포스터도 마찬가지였지요. 1920년대에는 라디오가 발전하면서 라디오 역시 유용한 광고 매체가 되었어요.

어려운 시기에 직면하다

1930년대는 **대공황**으로 모두에게 힘든 시기였습니다. 사람들은 돈 쓰기를 주저했고, 자연히 광고 업계도 큰 어려움을 겪었습니다. 광고는 기본적으로 사람들의 소비에 성패가 달려 있기 때문이지요.

대공황이 끝나갈 무렵인 1939년 제2차 세계 대전이 일어났습니다. 전쟁이 계속되는 동안 광고 업계는 포스터와 라디오, 지면 광고 등을 이용해 전쟁을 홍보하는 데 많은 시간을 쏟았습니다. 이런 종류의 광고를 프로파간다, 즉 '선전'이라고 부르지요. 선전이란 광고나 예술 작품을 통해 사람들이 정치적 **대의명분**을 믿게 만드는 것을 뜻합니다.

광고의 전성시대

1950년대를 거치며 미국 뉴욕의 매디슨 거리는 주요 광고 회사들의 중심지가 되었습니다. 많은 예산 투자와 대담한 아이디어로 무장한 광고들이 사람들의 일상에 어느 때보다 깊이 파고들었습니다. 사람들은 광고에서 본 자동차 같은 신제품으로 가득 찬 '완벽한 인생'을 갈망하기 시작했습니다. 이 시기에는 광고 회사가 자신들의 메시지를 퍼뜨릴 새로운 수단도 등장했는데, 바로 텔레비전입니다.

광고 산업은 1950년대까지 미국을 중심으로 발전했습니다. 1960년대와 1970년대에는 유럽에도 큰 규모의 광고 회사들이 모습을 드러내기 시작했지요. 이때는 유럽과 미국 사람들이 기존의 사회 질서에 대한 문제의식을 드러내던 시기였습니다. 그 영향으로 자유로움과 개성을 추구하는 사회 분위기가 형성되었고, 이는 광고 업계에서도 마찬가지였습니다. 위대한 창의력의 시대가 도래한 것이지요. 이에 따라 소비자의 시선을 사로잡는 재미있는 광고가 점차 생겨났습니다.

최근의 역사

1980년대와 1990년대는 세계적인 경제 호황기였어요. 광고 업계 역시 호황을 맞았고, 많은 예산을 투자해 전 세계로 광고를 내보냈습니다. 인공위성과 케이블 텔레비전의 발전으로 광고는 소비자에게 더 가까이 다가갈 수 있었지요.

미국의 매체별 광고비 사용 비율

케이블 텔레비전	23.3%
공중파 텔레비전	18.6%
지역 텔레비전 방송	15.2%
잡지	13.4%
인터넷	8.7%
기타	8.7%
지역 신문	5.0%
히스패닉 텔레비전 방송	4.2%
지역 라디오 방송	3.1%

영국의 매체별 광고비 사용 비율

출판 · 언론	23.3%
공중파 텔레비전	18.6%
인터넷	15.2%
광고용 우편	13.4%
옥외 광고 및 교통수단	8.7%
라디오	8.7%
영화	5.0%

최근에는 광고가 소비자의 관심을 끌기 어려워졌습니다. 사람들이 광고에 지나치게 많이 노출된 나머지 광고를 성가셔하기 때문이지요. 결국 광고 업자들은 '장소 기반형 광고'와 '보이지 않는 광고' 등 새로운 광고 기술을 개발했습니다. 인터넷 역시 강력한 광고 매체로 급부상하고 있지요.

간추려 보기

- 광고는 1800년대에 산업 혁명과 함께 발전하기 시작했다. 1900년대에는 각종 매체의 발달로 광고의 모습도 다양해졌다.
- 현재는 인터넷이 새로운 광고 매체로 주목받고 있으며, 자세히 살펴보지 않으면 광고라는 것을 알아차리기 힘든 광고들도 등장했다.

2

CHAPTER

광고는 어떻게 만들어질까요?

광고 회사는 광고를 만들기 전에 타깃 고객을 정해야 합니다. 타깃 고객에게 어떤 전략이 가장 효과적일지도 생각하지요. 광고의 전략을 정한 다음, 어떤 매체가 가장 효과적일지를 결정합니다.

작은 규모의 지역 광고부터 전 세계를 대상으로 진행하는 대규모 광고까지, 광고의 종류는 매우 다양합니다. 제품이나 서비스를 판매하는 데 **마케팅 비용**을 많이 투자하겠다고 결심한 경우, 기업은 그 상품을 최대한 널리 알리기 위해 일반적으로 광고 회사를 찾습니다.

고객 찾기

광고 회사는 특정 제품이나 서비스에 대한 광고를 만들기 전에 어떤 고객층을 타깃 고객으로 정할지 조사해야 합니다. 타깃 고객이란 광고가 주 대상으로 하는 특정한 사람들을 의미합니다. 광고 회사는 타깃 고객들에 대한 자세한 정보를 알려고 노력하지요. 인종이나 성별, 나이, 평균 소득, 사는 곳이나 취향 같은 정보들이요.

광고 회사는 광고를 만들기 전에 **포커스 그룹**에게 광고하려는 상품을 미리 보여 줄 수도 있습니다. 포커스 그룹은 타깃 고객 중에서 뽑는데, 상품에 대한 의견을 내도록 회사가 고용한 사람들이지요. 포커스 그룹이 상품의 어떤 점을 좋아하는지를 파악하면 고객에게 상품을 어떻게

| 한 남자가 광고에 대한 자신의 아이디어를 동료들에게 설명하고 있다.

광고해야 할지 더 잘 알 수 있게 되기 때문입니다.

예를 들어 새로 출시되는 운동화를 광고할 거라면 도시의 십대 남학생들로 이루어진 포커스 그룹을 통해 타깃 고객들이 이 신발의 어떤 점을 특히 좋아할지 미리 알 수 있겠지요. 광고 업자는 십대 남학생 집단의 마음을 끌 수 있는 모든 방법을 동원할 것입니다. 이 소년들의 의견은 광고를 내보낼 매체나 광고에 사용될 음악, 광고에 출연시킬 연예인 등을 결정하는 데도 영향을 미칩니다.

전략 결정하기

광고를 만드는 사람들은 어떤 전략이 타깃 고객에게 가장 효과적으로 작용할지를 생각해야 합니다. 또 그 전략은 경쟁 회사의 전략을 이길 수 있을 만큼 강력한 것이어야 하지요.

광고를 만드는 사람들

광고는 어떤 사람들이 만들까? 광고 회사에는 다양한 일을 하는 사람들이 있다.

- 고객 담당: 광고 회사의 고객, 즉 제품이나 서비스를 만드는 기업이 요구하는 점을 광고에 반영할 수 있도록 돕는다.
- 기획 담당: 상품을 판매하기 위한 광고 전략의 전체를 기획한다.
- 광고 제작 담당: 실제 광고 제작과 관련된 업무를 담당한다.
- 미술 감독: 창조적인 업무를 담당하며, 광고를 디자인하고 광고에 필요한 아이디어를 낸다.
- **카피라이터**: 광고에 들어가는 말과 단어, 대사 등을 결정하고 전반적인 광고 아이디어에 도움을 준다.
- 프로덕션: 광고를 실제로 제작하는 데 필요한 기술적인 부분을 담당한다.
- 미디어 기획: 주요 타깃 고객에게 가장 적합한 매체를 선정한다.
- 미디어 구매: 각각의 매체에 광고를 하는 데 드는 비용을 조사하고 매체와 계약한다.

하지만 이러한 업무를 모두 맡지 않고 기획이나 미디어 관련 업무만 수행하는 광고 회사들도 있다.

새로운 운동화를 광고하는 경우에는 타인에게 선망받고 싶어 하는 사람들의 심리를 이용하는 전략을 쓸 수도 있습니다. 광고 업자는 어린이와 젊은이들이 심리적으로 불안정하며 인기인이 되기를 열망한다는 것을 알고 있습니다. 따라서 '멋진 아이들이라면 모두 그 운동화를 신고 다닐 것 같다.'는 생각이 들게 하는 광고를 만들겠지요. 그러면 많은 사람들이 그 운동화를 사게 될 것입니다.

광고 기획하기

광고의 전략을 정하고 나면 어떤 매체가 가장 효과적일지를 결정해야 합니다. 광고는 보통 신문이나 잡지, 텔레비전, 광고판, 포스터, 광고용 우편, **스팸 메일**이라고도 불리는 이메일, 인터넷 등 여러 가지 매체를 통해 진행합니다. 광고 회사의 카피라이터와 미술팀은 광고의 종류에 따라 이미지와 광고 문구가 조화를 잘 이루도록 노력합니다.

광고를 기획한 뒤에는 광고가 전하려는 메시지를 세상에 드러내야 합니다. 어느 매체에 광고하는 것이 타깃 고객에게 가장 효과적으로 작용할지도 생각해야겠지요.

예를 들어 광고할 상품이 새로 나온 운동화라면 십대 독자층이 많은 잡지나 젊은 층이 많이 보는 텔레비전 채널에 광고하는 것이 효과적일 것입니다. 하나의 광고가 여러 나라에서 효과를 거두면 더 좋겠고요.

전문가 의견

광고는 20세기의 가장 위대한 예술 분야다.

– 마샬 맥루한(Marshall McLuhan) 평론가

▌ 갖고 싶은 운동화를 떠올려 보자. 광고 때문에 그 운동화가 갖고 싶은 것은 아닐까?

광고할 매체를 결정하면 광고주는 그 매체의 '공간'을 사야 합니다. 광고를 내보낼 잡지나 텔레비전 채널 같은 곳에 돈을 지불한다는 뜻이지요. 그러면 잡지의 한 면이나 귀퉁이, 텔레비전 방송의 몇십 초를 광고에 쓸 수 있게 됩니다. 그래서 여러 매체에 광고를 할 경우 광고비가 매우 많이 듭니다. 매체마다 광고비를 내야 하니까요.

광고는 거대한 산업입니다. 전 세계적으로 연간 440조 원에 달하는 규모이지요. 광고 회사는 자신들의 고객인 기업의 돈을 낭비하지 않기 위해 가장 효과적인 광고를 만들어야 합니다.

간추려 보기

- 기업은 자신들의 제품이나 서비스를 광고하기 위해 광고 회사를 이용한다.
- 광고 회사는 타깃 고객 정하기, 전략 결정, 기획, 제작의 과정을 거쳐 하나의 광고를 완성한다. 이 과정에서 더욱 효과적인 광고를 위해 포커스 그룹을 활용하기도 한다.

광고 전략

광고 회사는 소비자가 광고 속의 상품을 꼭 필요한 것으로 여기게 하려고 여러 가지 전략을 사용합니다. 유명한 사람을 광고에 등장시켜서 그들과 비슷해지고 싶어 하는 대중의 욕구를 건드리거나, 사람들의 감정을 자극하고 유머를 사용하기도 하지요.

만일 사람들이 꼭 필요한 제품만 구입하면서 살아간다면 많은 기업이 파산할지도 모릅니다. 사실 기본적인 음식과 의류, 주거 공간 외에 우리에게 꼭 필요한 것은 별로 없지요.

그래서 광고 업계의 사람들은 소비자가 어떤 제품이나 서비스를 꼭 필요한 것으로 여기게 하려고 노력합니다. 광고 업계 사람들은 광고를 통해 소비자가 '저 상품을 사지 않으면 나는 멋지게 살 수 없을 것이다.'라고 느끼게 하지요.

광고는 때로 상품의 이미지를 단순히 '필요한 것' 이상으로 만들기도 합니다. 그러면 소비자는 광고 속의 제품이 필요하지 않더라도 사고 싶다고 느낍니다. 광고가 만들어 내는 긍정적인 느낌이 소비자로 하여금 광고 속의 제품을 선택하게 하는 것이지요.

전략의 중요성

광고는 그저 제품이나 서비스에 대한 사실 정보들을 나열하는 것에서 그치지 않습니다. 객관적인 사실 정보의 나열만으로는 사람들이 힘들게 번 돈을 쓰도록 만들기 어렵거든요.

그래서 광고는 효과적인 전략을 만들어 냅니다. 광고 전략이란 구체적인 광고 효과를 얻어 낼 수 있는, 즉 광고를 통해 상품을 더 많이 팔 수 있는 방법에 대한 아이디어입니다. 광고 업자는 전략을 세우기 위해 사람들이 왜 특정 광고에 반응하는지 연구합니다. 그리고 광고 전략을 통해 사람들의 가장 기본적인 감정인 불안감과 욕망을 건드리지요.

소비자의 욕망 파악하기

광고 회사는 가장 효과적인 광고 전략을 개발하기 위해 과학적으로 연구합니다. 광고 전략이 소비자의 심리에 어떻게 작용하는지 알아내려고 심리학자를 고용하기도 합니다. 심리학자는 특정 이미지가 사람들에게 어떻게, 왜 편안한 느낌과 호감을 주는지를 분석해 알려 줄 수 있기 때문입니다.

사람들이 상품이나 광고에 어떻게 그리고 왜 반응하는지 연구하기 위해 포커스 그룹을 활용하기도 합니다. 광고를 만드는 사람들은 포커스 그룹을 통해 기존 소비자와 **잠재적 소비자**의 의견을 듣고 가장 효과적인 광고 전략을 결정합니다.

전문가 의견

광고 속에는 누구나 현실 속의 자신과 이상 속의 자신을 가지고 있다는, 인간에 대한 통찰이 숨어 있다.

— 윌리엄 페더(William Feather) 작가

광고처럼 살고 싶어 하는 사람들

광고 속에는 종종 완벽하고 풍족한 삶을 누리는 것처럼 보이는 인물들이 등장합니다. 이러한 광고는 사람들로 하여금 특정 제품을 구매하면 광고 속 인물처럼 완벽해질 수 있을 것 같다고 생각하게 하지요. 광고 속 인물처럼 되고 싶어 하고, 광고 속 행복의 기준에 이르고 싶어 하도록 사람들의 욕망을 자극하는 것입니다.

데오드란트나 화장품, 다이어트 프로그램 광고에는 별로 눈에 띄지 않는 평범한 외모를 가진 사람이 등장하기도 합니다. 하지만 그들은 광고에 나오는 제품을 사용한 뒤에 훨씬 멋진 사람으로 변해서 많은 이들 사이에서도 두드러져 보이지요.

어떤 제품이나 서비스를 사용했다는 이유만으로 인생이 바뀐 사람을 본 적 있나요? 아마 없을 거예요. 광고주는 사람들의 불안감을 다루는 방법을 잘 알고 있습니다. 그리고 이 방법을 이용해 광고를 만들지요. 광고를 본 사람들은 자신을 좀 더 나은 사람으로 바꾸어 줄 광고 속의 제품이 꼭 필요하다고 느낄 것입니다.

1950년대에 담배 회사 말보로는 판매량을 늘리기 위한 방편으로 '말보로 맨'이라는 이미지를 만들어 냈습니다. 말보로 맨은 자유롭고 독립적으로 살아가는 카우보이의 모습이었지요. 광고는 말을 타고 소 떼를 모는 것처럼 남성적인 활동을 하는 거칠고 잘생긴 남자의 이미지를 카우보이 말보로 맨에 덧씌웠습니다. 말보로는 따분한 삶을 사는 남성들이 말보로 맨처럼 되고 싶어 하기를 바랐고, 말보로 맨을 닮고 싶다는 바람이 제품 구매로 이어지기를 기대했습니다. 이 전략은 큰 효과를 거

사례탐구 담배 광고에 대한 논쟁

유럽 국가들은 담배 광고를 아예 금지하거나 억제하는 등 엄격하게 **규제**하고 있다. 영국 정부는 2003년 2월부터 담배 광고와 홍보에 관한 법안을 시행했다. 이 법은 영국 내에서 담배 관련 제품의 광고나 홍보를 규제한다. 광고주들은 담배를 파는 가게 안에 작은 광고판이나 포스터 정도는 붙일 수 있지만, 외부 행사를 후원하는 등의 적극적인 광고는 할 수 없다. 이 법은 인터넷 광고에도 예외 없이 적용된다.

그래서 몇몇 담배 회사는 판매 촉진을 위해 담배 광고 규제가 없는 아프리카나 아시아에서 광고를 집행하고 있다. 광고주들은 아프리카와 아시아의 젊은이들을 주 타깃으로 하는 광고 전략을 세웠고, 청년들에게 무료로 담배를 나누어 주면서까지 그들을 새로운 고객으로 삼고자 했다.

하지만 담배 회사의 이러한 행태에 대해 국제적으로 우려의 목소리가 높다. 담배 광고 규제가 없는 국가의 국민들은 담배가 인체에 얼마나 유해한 물질인지 잘 알지 못하기 때문이다. 실제로 담배 회사들이 중국에서 담배 광고를 시작한 뒤 중국의 폐암 발생률이 일 년 동안 475퍼센트나 증가했다고 한다.

유럽 국가들이 법으로 국내 담배 광고를 규제하는 것은 자국민의 건강을 지키기 위해서다. 하지만 그 법은 정부가 담배 회사에게서 상품을 광고할 권리를 빼앗은 것이기도 하다. 또 중국의 폐암 발생률이 급증한 경우처럼 그 법 때문에 제3국이 피해를 입기도 한다.

한국도 담배 광고를 금지하고 있다. 담배처럼 소비자에게 유해한 제품들의 광고는 무조건 금지해야 할까? 아니면 기업의 자유로 남겨 두어야 할까? 만약 유해 제품 광고를 금지해야 한다면 담배 외에 더 규제해야 할 제품들이 있을까?

▌ 말보로 광고는 거친 카우보이와 담배의 이미지를 결합해 효과를 거두었다.

두었습니다. 광고를 펼친 지 일 년 만에 판매량이 3241퍼센트나 증가했
거든요.

우리는 소비자로서 이러한 광고에 대해 매우 신중히 생각해야 합니
다. 광고 속 말보로 맨은 활동적으로 살아갑니다. 하지만 통계에 따르면
정작 흡연자들은 담배가 야기하는 호흡 곤란, 암, 심장 관련 질병으로 인
해 말보로 맨처럼 활동적인 일을 하기 힘들다고 합니다. 사실 이 광고에
등장했던 세 명의 말보로 맨 모델은 모두 폐암으로 사망하고 말았지요.

광고는 이처럼 소비자가 광고 속의 인물들처럼 살고 싶어 한다는 점
을 이용해 판매 전략을 세웁니다. 이 전략에 넘어가지 않기 위해서는 광
고보다 광고가 홍보하는 제품 자체에 집중해야 하지요.

유명인의 보증

광고는 유명한 사람들을 등장시켜서 그들을 닮고 싶어 하는 대중의 욕구를 건드립니다. 광고주는 소비자가 광고 속 유명인을 따라 하기를 바라지요.

예를 들어 비욘세의 휴대 전화 광고를 본 젊은 여성들이 자신도 그 휴대 전화를 쓰면 비욘세처럼 매력적인 사람이 될 거라고 느낄 수도 있습니다. 실제로 소비자들은 제품의 가치나 품질 같은 실질적인 이유가 아니라 광고가 만든 이미지 때문에 특정 제품을 선택한다고 합니다. 여러분도 좋아하는 스타가 사용하는 제품을 사고 싶나요? 왜 그런가요?

제품 이미지 형성하기

"다이아몬드는 영원하다."라는 말을 들어본 적이 있나요? 이것은 다이아몬드 제조사 드 비어스가 자신들이 판매하는 다이아몬드 반지의 이미지를 형성하기 위해 사용한 광고 카피입니다. 드 비어스는 사랑에 빠진 젊은 커플이 다이아몬드 약혼반지와 함께 둘만의 인생을 시작하는 모습을 보여 주는 광고에 이 문구를 넣었습니다.

드 비어스가 광고를 시작하기 전까지 약혼할 때 다이아몬드 반지를 주는 것은 보편적인 일이 아니었습니다. 다이아몬드는 부자들만 가질 수 있는 사치품이었고, 보통 사람들은 다이아몬드를 가질 생각조차 하지 않았지요. 하지만 드 비어스의 광고를 본 많은 예비 신부들은 다이아몬드 약혼반지를 받고 싶어 하게 되었습니다.

무엇이 드 비어스의 광고를 이토록 효과적으로 만들었을까요? 그 광고는 성공한 모든 커플들이 약혼반지로 다이아몬드 반지를 구입했다고 암시합니다. 반지를 **사회적 지위**의 상징으로 만들어 버린 것입니다. 이 광고 때문에 남성들은 비싼 다이아몬드 반지로 사랑을 표현해야 한다고 믿게 되었습니다. 다이아몬드 반지를 살 형편이 못 되는데도 말이지요. 그리

드 비어스는 광고를 통해 사랑에 사회적 지위의 의미를 덧씌워 새로운 이미지를 만들어 냈다.

고 여성들은 다이아몬드 약혼반지를 받지 못하면 자신들의 사랑이 완전하지 않은 것 같다는 불안을 느끼게 되었습니다. 우리는 드 비어스의 사례를 통해 광고가 어떤 제품의 이미지를 형성함으로써 사회적 통념까지 변화시키는 모습을 관찰할 수 있습니다.

전문가 의견

좋은 광고는 정보만 전달하지 않는다. 좋은 광고는 욕망과 믿음으로 대중의 마음 속을 파고든다.

─ 레오 버넷(Leo Burnett) 광고 전문가

감정 이용하기

사람들의 감정을 이용하는 전략은 광고에 자주 사용됩니다. 주로 가족에 대한 사랑, 애국심 같은 감정을 이용하지요. 광고주들은 사람들이 이러한 감정을 자극하는 이미지, 예컨대 아이들의 순수함을 보여 주는 이미지를 친근하게 느낀다는 사실을 알고 있습니다. 광고주들은 광고에 대한 사람들의 긍정적인 느낌이 상품 구매로 이어지기를 바라지요.

필름 회사인 코닥은 1980년대부터 아이가 첫 걸음마를 떼는 순간 같은 일상의 특별한 때를 보여 주는 광고를 했습니다. 광고 카피는 이 특별한 순간들을 '코닥의 순간'이라고 표현했지요. 코닥의 광고는 사람들의 감정을 이용하는 전략을 사용한 대표적인 사례입니다. 인생의 가장 소중한 순간들을 코닥이라는 브랜드와 연결지은 것입니다. 코닥의 광고는 코닥 필름이 다른 브랜드의 필름과 어떻게 다른지, 다른 브랜드 제품보다 어떤 점이 더 나은지에 대해 전혀 언급하지 않습니다. 대신 가족과의 소중한 순간을 코닥이 아닌 다른 브랜드의 필름으로 찍는 것은 위험하다고 강조합니다. "이런 소중한 순간은 코닥에 맡겨야 믿을 수 있습니다."라고 언급하면서 말이지요.

전문가 의견

코닥은 필름을 판매했다. 하지만 그들은 필름을 광고하지 않았다. 그들이 광고한 것은 추억이었다.

― 테오도르 레빗(Theodore Levitt) 하버드대학교 교수

▌사람들은 지금도 감동적인 순간을 '코닥의 순간'이라고 표현한다.

브랜딩

광고 전략 중 가장 위력적인 것은 바로 브랜딩(Branding)입니다. 브랜딩이란 다양한 상품 중 특정 기업의 상품만 소비자의 뇌리에 남도록 하는 것입니다. 브랜딩은 사람들이 특정 제품을 안심하고 구매하고, 경쟁 제품은 아예 구매 대상으로 고려하지 않게 합니다.

성공적인 브랜딩의 예로 후버라는 영국의 진공청소기 회사를 들 수 있습니다. 영국 사람들은 진공청소기를 돌릴 때 "청소한다."고 말하는 대신 "후버한다."고 말하지요. 후버는 성공적인 브랜딩으로 사람들이 모든 진공청소기 제품들을 후버의 제품과 동일시하도록 한 것입니다. 비슷한 예로는 대일 밴드, 스카치 테이프 등이 있습니다. '대일'과 '스카치'는 각각 밴드와 테이프 회사의 이름이지요.

목표를 설정한 브랜딩

성공적인 브랜딩은 충성도 높은 타깃 고객을 만들기도 합니다. 광고주는 타깃 고객의 충성도를 높이기 위해 그들을 직접적으로 공략해야 합니다.

자동차 광고를 예로 들어볼까요? 보통 자동차 광고에는 평범한 가족이 등장합니다. 안전성과 합리적인 가격을 갖추었는지, 짐을 실을 공간은 넉넉한지 같은 현실적인 고려 사항도 다루겠지요. 이 광고는 차를 운송이나 교통수단으로 생각하는 대다수의 평범한 소비자에게 효과적으로 작용할 것입니다.

그러나 럭셔리 스포츠카 광고는 다릅니다. 스포츠카 광고에는 매력적인 인물이 등장하고, 주로 다루는 내용은 세련된 디자인 같은 요소입니다. 그 광고는 차별성과 높은 사회적 신분 등을 중요시하는 부유한 사람들을 매혹하겠지요.

다른 예도 있습니다. 탄산음료인 마운틴 듀는 오랫동안 미국 중년 계층에게 가장 인기 있는 음료였습니다. 하지만 1993년 마운틴 듀는 타깃 고객을 소년과 젊은 남성들로 바꾸겠다고 결심했습니다. 새로운 수익 창출을 위해 주 타깃을 바꾸려는 것이었지요.

마운틴 듀는 "듀 하세요(Do the Dew)!"라는 광고 문구로 반항적인 브랜드 이미지를 만들었습니다. 시끄러운 음악과 거칠게 움직이는 카메라 앵글, 바보스러운 유머가 뒤섞인 마운틴 듀 광고가 여러 매체에 등장했습니다. 그뿐만 아니라 마운틴 듀가 'X 게임'과 '듀 투어' 같은 **익스트림 스포츠**를 후원하면서 포스터와 광고판, 스포츠 이벤트에서 마운틴 듀의 이름을 자주 볼 수 있게 되었습니다. 그 결과 마운틴 듀는 미국의 소년과 젊은 남성들이 가장 좋아하는 음료가 되었습니다. 마운틴 듀 회사는 이 경향을 전 세계 남성 소비자에게 퍼뜨리려 노력했지요.

이 과정에서 마운틴 듀라는 제품 자체에는 달라진 점이 하나도 없었습니다. 단지 광고 전략만 달라졌을 뿐이지요. 마운틴 듀의 사례는 목표를 설정한 브랜딩의 힘이 얼마나 강력한지 보여 줍니다.

유머 사용하기

유머를 사용하는 것 역시 인기 있는 광고 전략입니다. 광고주들은 재미있는 광고로 소비자를 웃기고 싶어 합니다. 웃음은 소비자가 광고에 호감을 갖게 하고, 호감은 곧 상품 구매로 이어지기 쉽기 때문이지요.

사람들은 다른 이들과 재미있는 광고에 대한 이야기를 나누기도 합니다. 광고에 대한 관심은 그 광고를 하는 브랜드를 널리 알리는 데 도움이 되지요. 그래서 주요 스포츠 이벤트 중계방송 앞뒤로는 재미있는 광고들이 많이 등장합니다. 스포츠 이벤트를 보는 많은 사람이 광고를 볼 것이고, 다음 날

▌광고는 마운틴 듀라는 브랜드에 반항과 즐거움의 이미지를 심어 주었다.

다른 사람들과 어제 보았던 재미있는 광고에 대해서 이야기할 테니까요.

하지만 최근에는 유머에 집착한 나머지 시청자의 짜증을 유발하는 광고도 생겨나고 있습니다. 광고에 등장하는 사람의 외모를 비하하거나 웃음거리로 만드는 것처럼요. 소비자에게 호감을 주기 위한 유머 사용하기 전략이 오히려 역효과를 내게 되는 것입니다.

대형 마트에 가면 인기 브랜드의 제품 옆에 상표 없는 제품이 놓여 있는 것을 쉽게 볼 수 있다. 이것을 PB(Private Brand) 상품이라고 한다. PB 상품은 보통 대형 마트가 자체적으로 생산한 것들이다. 이 제품들에는 상표 없이 평범한 제품명만 붙어 있으며, 그 제품에 대한 광고도 없다. 연구에 따르면 사람들은 PB 상품보다 상표가 있는 제품을 살 때 더 안심한다고 한다. 광고를 통해 형성된 이미지에서 친근함과 신뢰를 느끼는 것이다. 이것이 바로 브랜딩의 위력이다.

간추려 보기

- 광고 회사는 광고의 효과를 극대화하기 위해 여러 가지 전략을 사용한다. 소비자의 감정을 자극하거나 유머를 사용하기도 하며 인기 스타를 등장시키기도 한다.
- 담배처럼 소비자에게 악영향을 끼치는 제품들은 정부에 의해 광고 규제를 당하는 경우도 있다. 이러한 광고 규제는 논란의 대상이다.

40 | 광고

4

CHAPTER

광고 기술과 속임수

광고는 제품을 실제보다 매력적으로 보이게 하려고 다양한 기술을 씁니다. 그래서 때로 광고 기술이 진실을 왜곡하기도 합니다. 소비자를 속이는 광고 기술로는 압박하기, 애매한 표현 사용, 이미지 조작 등이 있지요.

광고의 주된 도구는 말과 이미지입니다. 광고주들은 오랜 시간 동안 말과 이미지를 더 효과적으로 사용하는 등 여러 가지 기술을 개발했습니다. 보통 이러한 기술은 제품을 매력적으로 보이게 하기 위해 쓰지만 때로는 진실을 왜곡하기 위해 사용하기도 하지요.

정보 제공을 위한 광고

로서 리브스는 1940년대에 '고유판매제안(USP, Unique Selling Proposition)'이라는 개념을 만들었습니다. 리브스는 그 제품이 왜 특별한지, 그 제품을 왜 사야 하는지 말해 주는 것이 광고가 할 일이라고 생각했습니다. 또 광고라면 '이 제품에는 이러이러한 구체적인 장점들이 있습니다.'라고 분명히 말할 수 있어야 한다고 했지요.

고유판매제안을 이용한 광고는 직접적이고 솔직하기 때문에 유익합니다. 소비자에게 상품의 가격과 서비스, 품질, 효과 등 중요한 정보를 알려 주기 때문이지요. 하지만 단순히 사실과 숫자들만 나열하면 지루해져서 사람들이 광고에 주목하지 않을 수도 있습니다. 그래서 광고 업자들은 고유판매제안을 능가할 기술을 개발하기 시작했습니다.

로서 리브스 (1910~1984년)

미국 버지니아 주에서 태어난 로서 리브스는 책을 아주 많이 읽는 아이였다. 로서 리브스는 24세에 카피라이터로 광고 회사에 취직한 뒤 55세에 은퇴할 때까지 광고계에 많은 업적을 남겼다.

리브스는 고유판매제안(USP)을 창시한 것으로 유명한데, 고유판매제안은 경쟁 업체의 제품이 갖고 있지 않은 이 제품만의 장점을 찾아내어 그것을 반복해 보여 주는 광고 전략이다. 고유판매제안은 1940년대 광고업계를 풍미했다. 또한 리브스는 카피라이터라는 자신의 직업에 대한 자부심이 대단했다. 리브스의 자부심은 헤밍웨이, 셰익스피어 같은 작가들도 카피라이터로 성공하기는 힘들 것이라고 말한 데에서 잘 드러난다. 1960년대에 창의적인 광고가 인기를 끌기 시작하며 리브스의 명성은 점차 사그라졌지만 고유판매제안 전략은 여전히 많은 광고에 사용된다.

기만적인 말 사용하기

폭스바겐의 솔직한 광고가 보여 주듯 광고에 나오는 말, 즉 카피는 일종의 예술이 될 수 있습니다. 그러나 때때로 광고 제작자들은 카피를 통해 소비자를 속이거나 헷갈리게 만들기도 합니다.

물론 광고 규제를 통해 광고의 소비자 기만을 어느 정도는 막을 수 있습니다. 하지만 이런 규제가 있어도 광고는 교묘하게 진실을 왜곡하기도 하지요.

사례탐구 폭스바겐의 솔직한 광고

　1962년에 나온 폭스바겐 자동차 비틀의 광고는 카피를 효과적으로 사용하여 큰 성공을 거두었다. 제품에 대한 중요한 정보를 전달하면서 동시에 재미와 즐거움까지 선사하는 새로운 방법을 구사한 것이다.

　광고에서 가장 먼저 눈에 띄는 것은 '작게 생각하라(Think small).'는 글씨다. 이 광고 문구는 '크게 생각해야 한다.'는 통념을 비꼼으로써 사람들의 눈길을 사로잡았다. 이처럼 사람들의 관심을 끄는 것이 바로 효과적인 광고의 핵심이다. 폭스바겐 광고는 여기에 유머를 더했다. 비틀의 우스꽝스러운 모양과 작은 사이즈를 재밋거리로 만든 것이다. 폭스바겐의 광고는 웅장하고 뽐내는 모습만 보여 주던 당시의 다른 자동차 광고들과 확연히 달랐다. 소박하고 재미있는 광고 문구 아래에는 훌륭한 연비와 튼튼한 타이어, 저렴한 보험료 등 비틀의 장점을 보여 주었다.

　이 획기적인 광고는 진실해 보였다. 친절하고 유용했으며, 거드름을 피우거나 속이지도 않았다. 그 결과 사람들은 광고 속의 제품을 좋게 생각하게 되었고 자연히 폭스바겐의 매출도 올라갔다.

▌폭스바겐 자동차 광고는 역사상 최고의 광고로 손꼽힌다.

압박하기와 애매한 표현

광고 제작자들은 소비자를 압박하여 물건을 구입하게 하는 방법을 알고 있습니다. 어떤 물건이 곧 품절되거나 판매가 중단될 거라고 생각하면 마음이 조급해져서 결국 그 물건을 구매할 가능성이 커지지요. 이것이 많은 광고가 '매진 임박!' '하루뿐인 기회!' '기간 한정 세일!' 등의 문구로 사람들을 조급하게 하는 이유입니다. 압박 전략은 특히 실시간으로 방송되는 홈쇼핑 채널에서 많이 사용합니다.

광고가 사용하는 속임수 중에는 애매한 표현도 있습니다. 광고 속의 애매한 표현이란 무언가를 확신하는 것처럼 보이지만 사실은 아무 의미도 없는 말을 뜻해요. 물론 이러한 애매한 표현들이 완전히 거짓말은 아닙니다. 하지만 광고 제작자들은 고의로 애매하고 불명확한 표현을 사용하지요.

애매한 표현	생각해 볼 점
뼈 건강에 도움이 됩니다. 건강한 아침 식사의 일종입니다.	그 제품만 사용한다고 뼈가 튼튼해지거나 건강한 아침 식사를 하게 될까?
창문에 먼지가 하나도 없는 것처럼 보입니다.	정말 그럴까? 그렇게 '보이기만' 하는 것이 아닐까?
일반적으로 놀라운 결과가 나타납니다.	일반적이라는 것은 얼마나 자주 이런 결과가 나타난다는 뜻일까?
맛이 더 좋아진 유아식	무엇보다 더 맛이 좋아진 것일까?
더 많은 사람들이 우리 제품을 선택합니다.	얼마나 더 많은 사람들이, 무엇보다 더 많이 그 제품을 선택한 것일까?

통계와 설문 조사

광고는 제품의 품질을 증명하기 위해 종종 통계를 사용합니다. 예를 들면 '치과 의사 5명 중 4명이 이 치약을 추천합니다.' 같은 문구를 삽입하는 것이지요. 광고 제작자는 소비자가 통계 정보를 과학적으로 증명된 진실이라고 생각하기를 바랍니다.

하지만 광고에는 많은 결과들 중 선택된 것만이 제시된다는 사실을 명심하세요. 원하는 실험 결과가 나올 때까지 100번이 넘게 실험을 했을 수도 있습니다. 광고주가 원하지 않았던 실험 결과는 굳이 광고에서 이야기할 필요가 없으니까요.

설문 조사에서 원하는 결과를 얻기 위해 교묘한 방법을 사용하기도 합니다. 제품에 대한 설문 조사를 할 때 무작위로 여러 부류의 사람을 골라 설문에 답하게 하는 것이 아니라 원래 그 제품에 호감이 있는 사람들만 골라 조사했을지도 모릅니다.

유도 질문을 할 수도 있습니다. 유도 질문이란 특정한 대답을 끌어내기 위한 질문입니다. 예를 들어 여러분의 부모님에게 이런 질문을 할 수 있겠지요. "이 치약에 대해 이러저러한 사실을 알게 된다면, 가족을 위해 이 치약을 살 생각이 있습니까?" 이는 공정한 질문입니다. 하지만 다음과 같은 질문을 한다면 어떨까요? "당신은 이 치약을 살 만큼 가족의 치아 건강을 생각하십니까?" 이것은 유도 질문이 될 수 있습니다.

이러한 표현은 질문을 받는 사람으로 하여금 '만일 이 치약을 사지 않으면 나는 가족의 치아 건강을 생각하지 않는 사람이다.'라고 느끼게 합니다. 제품의 품질 같은 객관적인 정보를 바탕으로 한 반응이 아니라 감정적인 반응을 노린 질문인 것이지요.

주의 사항

신문이나 잡지, 텔레비전 광고의 맨 아래에 작은 글씨로 적혀 있는 문구를 주의 사항이라고 합니다. 광고주들은 소비자가 몰랐으면 하지만 규제 때문에 어쩔 수 없이 밝혀야 하는 세부적인 사항들을 주의 사항 안에 빽빽이 적어 놓습니다. 반대로 제품이 얼마나 좋은지에 대해서는 크고 눈에 띄는 글씨로 간단하게 써 놓지요. 주의 사항에는 제품을 복용할 때 나타날 수 있는 의학적 위험이나 부작용이 적혀 있기도 합니다. 텔레비전 광고에서는 주의 사항이 화면 맨 아래에 아주 작은 글씨로 나타나지요.

이제부터 광고를 볼 때 이런 주의 사항을 보면 자세히 읽어 보세요. 주의 사항을 읽고 나면 광고 속의 제품이나 서비스가 그전과는 다르게 보일지도 모릅니다.

조작된 이미지 이용하기

광고는 아름다운 사진이나 창의적인 영상을 사용하기도 합니다. 어떤 광고는 깔끔하고 고상한 디자인으로 칭송을 받지요. 하지만 광고는 진실을 왜곡하는 이미지를 사용할 때도 많습니다.

사치품, 화장품, 의류 광고에는 주로 큰 키에 마르고 매력적인 외모를 지닌 사람들이 등장합니다. 물론 실제로 키가 크고 마른 모델과 배우를 출연시켜서이기도 하지만, 그 이면에는 더 많은 이야기가 숨어 있습니다.

광고는 컴퓨터 기술을 이용해 모델의 몸매를 조작하기도 합니다. 예 컨대 어떤 바지를 '입으면 날씬해 보이는 청바지'라고 광고할 때 포토샵 같은 컴퓨터 기술로 모델의 몸을 더 날씬하게 만드는 것입니다. 광고주 는 사람들이 광고에 나오는 모델처럼 날씬하게 보이고 싶은 마음에 그 청바지를 구매하기를 바라기 때문이지요.

만들어진 이미지, 즉 조작된 이미지는 심각한 피해를 가져올 수 있습

광고에 나오는 사람들의 외모가 어떤지 살펴 보자. 광고주들은 어떤 의도로 이런 사람들 을 광고에 등장시키는 것일까?

니다. 이러한 광고에 많이 노출되다 보면 사람들은 모델의 마른 몸을 정상이라고 생각하게 되는 것입니다. 그러면 사람들은 자기 자신을 비하하기 시작합니다. 광고에 나오는 이상적인 외모의 모델들에 비해 자신이 너무 뚱뚱하고 못생겼다고 느끼는 것이지요. 극단적인 경우에는 날씬해져야 한다는 **강박 관념** 때문에 거식증이나 폭식증 같은 **섭식 장애**에 걸리기도 합니다. 그래서 프랑스를 비롯한 몇몇 국가에서는 컴퓨터로 수정한 이미지에 경고 문구를 삽입하도록 했습니다. 이 이미지는 실제가 아니라 만들어진 것이라는 사실을 알려 주기 위해서지요.

광고에는 음식을 실제보다 더 맛있어 보이게 하는 속임수가 등장하기도 합니다. 혹시 광고에 나오는 햄버거와 실제 햄버거의 모습이 다르다고 생각한 적이 없나요? 이는 **푸드 스타일리스트**가 광고에 나오는 햄버거에 실제 햄버거에는 없는 몇 가지 요소를 추가하기 때문입니다. 빵

▌패스트푸드점에서 산 실제 햄버거는 이 광고 속의 햄버거 사진과 비교하면 어떠한가?

에는 참깨를 더 붙이고, 고기에는 육즙을 더 바르고, 더 큰 토마토를 넣는 것이지요. 심지어 음식을 윤기 있게 보이도록 하려고 음식 표면에 세제를 바르기도 합니다.

만일 음식 광고를 보고 침이 고인다면 우리가 실제로 사는 제품은 광고에 나오는 모습과 다르다는 것을 명심하세요. 그리고 다시 한 번 사 먹을지 생각해 보세요.

집중탐구 광고 규제

　광고가 탄생한 이래로 광고주들은 늘 자신들에게 자유롭게 생각을 표현할 자유, 즉 표현의 자유가 있다고 주장해 왔다. 자신의 의지대로, 하고 싶은 대로 광고를 만들겠다는 것이다. 하지만 소비자들은 광고주들이 어느 정도의 기준에 따라 정직하게 광고를 해야 한다고 주장한다.

　영국의 광고 기준 심의 위원회는 **허위 광고**를 없애려고 노력했다. 광고 안의 거짓 내용들은 삭제되었고 광고주들은 잘못 전달된 정보를 수정해야 했다. 하지만 심의 위원회가 모든 광고를 심의하기에는 광고가 너무 많기 때문에 소비자들은 여전히 허위 광고에 노출되고 있다고 보아야 한다.

간추려 보기

- 광고 회사는 끊임없이 새로운 광고 전략과 기술을 연구하는데, 그 과정에서 속임수도 등장한다. 광고 문구와 이미지를 이용해 소비자들이 객관적인 사실에 근거한 이성적 판단을 하기 어렵게 만드는 것이다.
- 우리는 이러한 속임수에 넘어가지 않도록 비판적인 시각으로 광고를 보아야 한다.

주목받기 위한 몸부림

최근에 소비자들은 기존 방식을 사용한 광고를 외면하기 시작했습니다. 그래서 광고 업자들은 대중의 시선을 끌 만한 장소 기반형 광고, 게릴라 마케팅, 티저 광고 등을 개발했습니다. 사람들은 이 새로운 광고에 관심을 보이게 되었지요.

광고는 언제나 사람들의 주목을 끌기 위해 노력합니다. 시끄러운 텔레비전 광고를 반복하고, 옷을 거의 걸치지 않은 모델을 출연시켜 선정적인 광고를 제작하는 등 소비자의 눈길을 끄는 데 혈안이 되어 있지요.

하지만 최근 소비자들은 이러한 전통적인 방식의 광고를 외면하기 시작했습니다. 그래서 광고 업자들은 소비자의 시선을 끌 만한 새로운 방법을 개발하고 있습니다.

장소 기반형 광고

광고 업자들은 새로운 광고 방법 중 하나로 장소 기반형 광고를 개발했습니다. 장소 기반형 광고는 포스터나 광고판 등의 전통적인 광고 방법이 발전한 형태입니다. 우리가 일상에서 자주 마주치는 장소에 광고를 삽입하는 것이지요.

우리가 쉽게 접하는 장소 기반형 광고로는 버스 옆면이나 버스 정류장, 비행기에 붙어 있는 광고, 번화가의 거대한 네온사인 간판 등이 있습니다. 스포츠 경기장과 콘서트 홀 역시 끊임없이 번쩍이는 디지털 광

광고 업자들은 늘 우리의 시선을 끌 새로운 방법을 찾아낸다. 광고를 보았던 장소 중에서 가장 기발한 곳은 어디인가?

고로 뒤덮여 있지요.

광고 제작자들은 항상 화장실 칸막이나 병원의 진료실, 현금 지급기 화면, 에스컬레이터의 계단이나 과일에 붙은 스티커 등 기발한 광고 장소를 찾아냅니다. 광고판으로 도배한 차가 온 시내를 돌아다니기도 하지요. 여러분이 뜻하지 않게 광고를 본 장소는 어디인가요?

장소 기반형 광고는 소비자를 광고의 포로로 만들어 버립니다. 사람들은 좋든 싫든 버스를 기다리는 동안 광고가 보이는 곳에 머물러야 합니다. 버스 정류장에 커다란 광고가 붙어 있기 때문이지요. 광고주는 사람들이 버스를 기다리면서 광고를 보고, 광고 속의 제품에 대해 생각하기를 바랍니다.

어떤 사람들은 너무 많은 광고가 도시의 아름다움을 해치지 않을지 걱정합니다. 과도한 광고 때문에 모두가 물건을 사고파는 것에만 집착하게 된다고 주장하는 사람도 있습니다. 온종일 광고에 노출되다 보니 광고 속의 상품을 살지 말지에 대해서만 생각한다는 것입니다. 소비에 대한 집착은 결국 강박증이 되고, 결국 사람들은 광고 때문에 자유로운 일상생활을 누릴 기회를 빼앗기지요.

게릴라 마케팅

게릴라 마케팅은 소비자의 이목을 끌기 위해 최근에 개발된 광고 기법입니다. 게릴라 마케팅은 공공장소에 갑자기 시선을 끄는 기발한 광고를 등장시키지요. 장소 기반형 광고와 달리 게릴라 마케팅은 상대적

게릴라 마케팅은 주로 소규모 업체들이 사용했던 전략이다. 하지만 최근에는 보편화되어 대기업들도 게릴라 마케팅을 한다.

으로 저렴한 매체를 이용합니다. 길바닥에 분필로 메시지를 적는 것처럼 말이지요. 그래서 게릴라 마케팅은 물건을 팔고자 하는 사람이라면 누구나 시도할 수 있는 광고 전략입니다.

2004년 아테네 올림픽 다이빙 경기장에서 있었던 일입니다. 경기를 관람하던 군중 사이에서 한 남자가 게릴라 마케팅을 펼쳤습니다. 가슴에 온라인 게임 사이트 이름이 적힌 발레복을 입은 남자는 다이빙대에 올라가 인간 광고판이 되었습니다. 이 게릴라 마케팅의 목적은 갑작스러운 등장과 재미를 통해 주목받으려는 것이었습니다. 그래서 적은 비용으로 큰 효과를 얻으려고 했지요. 하지만 그 광경에 놀란 몇몇 다이빙 선수들이 자신의 연기 순서를 놓쳤고, 많은 사람들은 그 광고를 비난했습니다. 이러한 게릴라 마케팅에 대해서는 어떻게 생각하나요?

티저 광고

티저 광고는 게릴라 마케팅의 한 종류로, 광고하고자 하는 제품이나 서비스에 대한 정보를 아예 제공하지 않거나 아주 작은 힌트만 주어서 사람들의 호기심을 불러일으키는 광고 전략입니다. 사람들이 일단 광고에 관심과 호기심을 갖게 한 뒤 약 올리듯 서서히 정체를 드러내는 것이지요. 티저(teaser)는 '짓궂게 놀리는 사람'이라는 뜻의 영어 단어입니다.

효과적인 티저 광고는 사람들에게 기분 좋은 놀라움을 선사합니다. 광고에서 신선함을 느낀 사람들은 그 광고가 소개하는 제품이나 서비스에도 호감을 갖게 되지요. 하지만 티저 광고는 자칫 잘못하면 무엇을 광고하는 것인지 확실히 전달하지 못할 수도 있다는 단점이 있습니다.

사례탐구 티-모바일의 플래시 몹 광고

　2009년 영국의 통신회사 티-모바일(T-Mobile)은 출근 시간에 맞추어 런던의 리버풀 스트리트 역에 댄서 4백여 명을 퍼뜨렸다. 댄서들은 힙합에서 클래식에 이르기까지 다양한 안무의 춤을 추기 시작했다. 그곳에 있던 수백 명의 사람들이 깜짝 놀라며 즐거워했고 몇몇 사람들은 흥에 겨워 함께 춤을 추기도 했다. 이 깜짝 이벤트는 미리 숨겨 놓은 카메라로 촬영되어 텔레비전 광고로 방송되었다.

　이 광고로 티-모바일은 많은 관심을 받았고 많은 사람이 이 광고에 빠져들었다. 나중에 페이스북을 통해 모인 1만 3천 명이 다시 역에 나타나 티-모바일의 광고를 재현하기도 했다. 티-모바일의 **플래시 몹**(Flash mob) 광고 이야기는 주요 뉴스를 통해 전 세계에 보도되었다.

　티-모바일은 광고를 통해 브랜드에 멋지고 재미있는 이미지를 덧입히는 데 성공했다. 하지만 이 플래시 몹 광고는 티-모바일의 제품이나 서비스가 어떠한지에 대해서는 한마디도 하지 않았다. 이 광고를 보고 티-모바일을 사용하고 싶다는 생각이 들까? 이러한 광고에도 실질적인 효과가 있을까?

티-모바일은 광고로 활기찬 브랜드 이미지를 만들었다.

예컨대 십여 년 전 큰 반향을 일으켰던 '선영아 사랑해' 광고가 있습니다. 서울 시내 곳곳과 거의 모든 지하철역에 '선영아 사랑해'라고 적힌 종이와 현수막이 붙었습니다. 사람들은 이것의 정체가 무엇인지 궁금해했지요. 누군가의 사랑 고백일 거라고 추측하는 사람도 있었습니다. '선영아 사랑해'는 결국 여성을 대상으로 하는 한 온라인 커뮤니티의 광고인 것으로 밝혀졌습니다. 그러나 광고가 엄청난 관심을 끌었던 것에 비해 그 효과는 미비했습니다. 광고와 광고 대상 사이의 연관성을 확실히 드러내지 못했기 때문이지요.

노이즈 마케팅

노이즈 마케팅은 말 그대로 잡음(noise)을 만들어 내는 마케팅 기법입니다. 광고주는 노이즈 마케팅을 통해 자신이 광고하려는 제품이 사람들의 입에 오르내리기를 원하지요. 노이즈 마케팅의 특별한 점은 제품의 단점이나 문제점, 사람들의 눈살을 찌푸리게 하는 요소를 크게 부풀려 홍보한다는 것입니다. 노이즈 마케팅을 하는 광고주는 제품에 대한 부정적인 인식이 퍼지는 것을 두려워하지 않습니다. 오히려 부정적인 소문이 소비자의 호기심을 자극하기를 바라지요. 효과 없는 광고를 하기보다는 부정적인 소문으로 가십거리가 되는 편이 낫다는 판단 때문입니다.

특히 영화나 텔레비전 프로그램 등을 홍보할 때 노이즈 마케팅 기법을 많이 사용합니다. 어떤 최신 영화나 프로그램에 대한 이슈가 만들어지면 사람들은 저마다 그 이슈에 대해 한마디씩 거들며 관심을 보이지요. 요즘 우리 사회에서 자주 거론되는 '막장 드라마'도 노이즈 마케팅의 일환으로 볼 수 있습니다. 시청자들은 특정 드라마의 황당함과 낮은 완성도를 비판하면서도 어쩔 수 없이 관심을 가지게 되고, 결과적으로 그 드라마는 높은 시청률을 얻는 것이지요. 하지만 노이즈 마케팅은 제품이 처음 출시되었을 때 관심을 끌기 위해 잠깐 사용하는 경우가 많습니다. 계속해서 노이즈 마케팅을 하면 해당 제품에 대한 소비자들의 불신과 짜증만 조장하기 때문이지요.

간추려 보기

- 광고주들은 사람들의 관심을 끌기 위해 장소 기반형 광고, 게릴라 마케팅, 티저 광고 등 다양하고 새로운 광고 전략을 개발했다.

숨어 있는 광고들

사람들은 주변에 광고가 너무 많으면 불쾌해합니다. 광고를 아예 무시해 버리기도 하지요. 그래서 광고주들은 '보이지 않는 광고'를 개발했습니다. '보이지 않는 광고'는 주의 깊게 살펴보지 않으면 그것이 광고라는 것을 알아차리기 힘듭니다.

요즘 사람들은 광고에 잘 반응하지 않습니다. 광고에 너무 많이 노출되어 웬만한 광고에는 무덤덤해졌고, 광고에 대한 스트레스 지수도 높아졌지요. 그래서 광고주들은 소비자가 광고를 광고라고 알아차리지 못하도록 '보이지 않는 광고' 기술들을 새롭게 개발했습니다.

추천의 말

추천의 말은 보이지 않는 광고 기술 중 가장 오래된 것입니다. 이는 일반 소비자들이 상품을 사용하면서 좋았던 경험을 이야기해 주며 그 상품을 추천하는 방법이지요. 추천의 말은 광고판이나 라디오 등 모든 광고 매체에서 찾아볼 수 있습니다.

광고주는 소비자가 자신과 같은 보통 사람이 제품을 추천한다면 믿을 만하다고 여기기를 바랍니다. 하지만 이런 긍정적인 경험담을 늘어놓는 '보통 사람'은 사실 광고에서 제품을 칭찬하는 대가로 돈을 받은 사람이라는 것을 기억해야 합니다. 그들이 하는 추천의 말은 친절한 조언처럼 들리지만 대부분 객관적이지 않습니다.

TV 홈쇼핑

TV 홈쇼핑은 일반 텔레비전 프로그램처럼 보이는 광고를 뜻합니다. 외국에는 토크쇼나 뉴스처럼 만든 홈쇼핑 프로그램도 있습니다. 홈쇼핑 모델이나 **쇼핑 호스트**는 직접 제품을 사용하는 장면을 보여 주면서 제품을 살 수 있는 주문 전화번호와 웹 사이트를 반복적으로 알리지요.

홈쇼핑은 깜빡이는 자막과 극적인 조명 등 과장된 시각 효과를 이용해 시청자의 구매 의사를 높이기도 합니다. 하지만 역시 시청자들이 가장 많이 영향을 받는 부분은 쇼핑 호스트의 멘트입니다.

쇼핑 호스트는 '매진 임박' '오프라인 매장과 동일한 상품' 등의 멘트를 통해 시청자들의 구매욕을 자극하는데 알고 보면 이 멘트는 속임수인 경우가 많습니다.

예를 들어 '매진 임박'이라는 말의 경우 판매 중인 제품 모두가 매진 임박이라는 것이 아니라 그 중 한 종류 혹은 한 사이즈만이 매진되려 한다는 의미지요. 그러나 그 말을 들은 소비자는 모든 제품이 매진될 것 같은 조급함을 느끼게 되어 필요 없는 물건을 충동적으로 구매하기도 합니다. 게다가 홈쇼핑에서 저렴한 가격으로 판매되는 제품들은 대부분 온라인 또는 홈쇼핑 판매 전용으로 만들어진 것입니다. 따라서 오프라인 매장에서 판매되는 제품보다 품질이 떨어지는 경우가 있지요.

요즘에는 종일 홈쇼핑 프로그램만 내보내는 채널도 많습니다. 일반 채널에서 홈쇼핑 프로그램을 방영하는 경우 방송국은 홈쇼핑 프로그램이 시작하고 끝날 때 이 프로그램이 광고라는 점을 알려야 합니다. 광고주는 시청자가 홈쇼핑을 볼 때 광고가 아니라 일반적인 텔레비전 프로

쇼핑 호스트는 소비자들이 TV 홈쇼핑에
나온 상품을 사지 않고는 못 견디게 만든다.

그램을 보고 있다고 믿기를 바랍니다. 홈쇼핑에 유명인을 출연시키는
것 역시 시청자의 주의를 끌고, 제품에 신뢰를 주기 위해서입니다.

홈쇼핑을 볼 때는 그 프로그램의 목적이 다른 일반적인 광고와 전혀
다를 바 없다는 사실을 기억하세요. 그리고 홈쇼핑에서 주로 사용하는
애매한 표현과 속임수에 대해서도 생각해 보세요.

광고 기사

광고 기사란 신문이나 잡지의 기사들 사이에 자리하고 있어서 일반
기사처럼 보이는 광고를 말합니다. 광고 기사가 진짜 기사 안에 들어 있
는 경우도 있지요. 광고 기사는 주로 그 제품이나 서비스가 얼마나 훌

류한지에 대해 보도하듯 이야기합니다. 독자가 일반 기사들 사이에서 광고 기사를 구분해 내기는 쉽지 않기 때문에 광고 기사의 상단에는 꼭 '홍보'나 '광고'라는 작은 표시를 해야 합니다. 가끔은 광고 기사가 같은 제품의 진짜 광고가 실린 지면의 맞은편에 실리는 경우도 있지요.

광고주는 사람들이 광고 기사를 신문이나 잡지 기사의 일부라고 착각하기를 바랍니다. 마치 객관적인 정보를 바탕으로 쓰여진 실제 기사처럼 말이지요. 하지만 명심하세요. 광고 기사는 객관적이지 않으며, 상품을 칭찬하는 말들의 나열에 지나지 않습니다. 광고 기사는 또 하나의 광고일 뿐입니다.

협찬 광고

협찬 광고란 돈을 지불하고 텔레비전 프로그램이나 드라마, 영화 같은 매체에 제품을 등장시키는 것을 말합니다. 흔히 피피엘(PPL, Product Placement)이라고 부르지요. 예컨대 주인공이 특정 브랜드의 커피를 마시는 장면이 드라마에 나오면 그것은 협찬 광고입니다. 소비자는 이러한 장면을 보면서 이것이 광고라는 사실을 매번 인식하지는 못합니다. 광고주는 인기 스타가 특정 제품을 사용하는 모습을 통해 소비자에게 자연스럽게 영향을 주려고 하는 것이지요.

가장 잘 알려진 협찬 광고는 1982년 영화인 〈E.T.〉입니다. 영화에는 사랑스러운 외계인 E.T.가 '리즈 피스'라는 초코볼을 먹는 장면이 나오는데, 이 장면으로 인해 리즈 피스의 판매량이 65퍼센트나 늘었다고 합니다. 제임스 본드가 주인공인 영화 〈007〉 시리즈 역시 자동차, 시계, 보드

집중탐구 광고가 기사 내용에 미치는 영향

사람들은 주요 매체의 기사 내용이 그 매체에 실리는 광고와는 무관하다고 생각한다. 하지만 반드시 그런 것은 아니다. 매체가 사업을 계속하기 위해서는 광고주의 지원이 필요하기 때문이다. 그래서 때때로 매체의 기사에 광고주가 원하는 내용이 들어가기도 한다.

사람들은 뉴스와 잡지에 나오는 정보는 객관적이고 믿을 만하다고 생각한다. 하지만 최근 미국의 여성 잡지들을 연구한 결과에 따르면 담배 광고를 실은 잡지는 그렇지 않은 잡지에 비해 담배의 위험성을 덜 보도했다고 한다. 즉, 잡지를 만드는 사람들은 자신들이 만드는 잡지에 광고를 싣고 광고비를 지불하는 회사를 비판할 수 없다고 생각하는 것이다. 이로 인해 독자들에게 담배의 위험성을 경고할 수 없게 된다고 해도 말이다.

사람들은 라디오에 나오는 곡은 대중에게 인기 있는 곡이거나 DJ가 직접 선정한 곡일 것이라고 생각한다. 하지만 거대 음반 회사들은 항상 소속 가수의 곡이 라디오에 나오도록 방송국에게 뒷돈을 준다는 **혐의**를 받는다. 방송국에 뒷돈을 주는 것은 불법이지만, 음반사들은 차라리 벌금을 무는 쪽을 택하고 있다. 일단 라디오에 곡이 나오기만 하면 그 곡의 인기가 매우 많아지기 때문이다. 벌금을 내더라도 소속 가수의 곡이 인기를 얻는 편이 낫다는 것이다.

유명한 오락 채널인 MTV는 인기 영화배우가 출연해서 영화를 홍보하는 특별 프로그램을 만드는데, 이 프로그램을 만들기 위해 영화사로부터 광고비를 받았다는 사실을 인정했다. 이처럼 방송사는 특정 영화가 훌륭한 작품이라서, 혹은 시청자들이 관심을 갖기 때문에 그 영화를 홍보하는 것이 아니다. 그 영화가 자신들에게 광고비를 주는 영화사의 작품이기 때문에 홍보하는 것이다.

▌ 영화 〈007〉에는 사진 속의 오메가 시계를 비롯하여 많은 제품들의 협찬 광고가 등장한다.

카와 담배까지 포함하는 광범위한 협찬 광고로 유명합니다.

영국은 원래 텔레비전의 협찬 광고를 금지했습니다. 하지만 2010년 영국 정부는 상업 텔레비전 채널에서의 협찬 광고를 허용했습니다. 광고 수입이 점점 줄어들어 **재정**에 어려움을 겪는 방송사들 때문이었습니다. 하지만 **공영 방송사**인 BBC는 아직도 협찬 광고를 허용하지 않고 있지요.

최근에는 우리나라에서도 텔레비전 드라마의 과도한 협찬 광고가 비난받고 있습니다. 몇몇 드라마에서 협찬 광고를 위해 극의 흐름과 전혀 관계없는 장면, 예컨대 주인공의 휴대 전화 상표를 클로즈업해서 보여 준다거나 주인공이 친구에게 특정 브랜드의 제품을 선물하는 장면을 마구 삽입하기 때문입니다. 어떤 시청자들은 이를 두고 자신이 보고 있는 프로그램이 드라마인지 한 시간짜리 광고인지 모르겠다고 비판하기도 하지요. 게다가 최근에는 협찬 광고하는 책에 맞추어 드라마의 내용을 바꾸기까지 합니다. 이는 출판사가 드라마를 통해 책을 광고하는 경우에 벌어지는 일이지요. 광고라는 부수적인 목적이 드라마의 내용이라는 본질을 침해하는 것입니다.

사례탐구 비디오 게임 안의 협찬 광고

비디오 게임은 새로운 협찬 광고의 매체로 주목받고 있다. 비디오 게임의 그래픽이 점점 더 발전하면서 각종 기업들이 비디오 게임에 협찬 광고를 하기 시작했다. 어떤 비디오 게임 안에서는 캐릭터가 특정 브랜드의 휴대 전화와 MP3 플레이어를 사용하기도 한다.

▎ 광고주는 비디오 게임 안에 가상 협찬 광고를 넣기 위해 광고비를 지불한다.

언더커버 마케팅

언더커버(undercover) 마케팅 혹은 스텔스(stealth) 마케팅은 비밀스럽게 우리의 일상 대화 속을 파고드는 새로운 광고 형태입니다. 광고 업자들은 언더커버 마케팅을 하기 위해 사람을 고용하기도 합니다. 고용된 사람은 일반적인 소비자로 가장하여 다른 사람들에게 제품에 대한 좋은 이야기를 하지요.

2002년에 소니 에릭슨 모바일이라는 회사는 배우들을 고용해 주요 도시의 관광 명소에 가게 했습니다. 배우들은 평범한 관광객처럼 행동하며 다른 사람들에게 관광 명소를 배경으로 사진을 찍어 달라고 부탁했습니다. 그러면서 디지털 카메라가 붙어 있는 소니 에릭슨 휴대 전화를 건네주었지요. 소비자가 소니 에릭슨의 새 휴대 전화를 직접 보고 사용해 볼 수 있도록 한 것입니다. 부탁을 받는 사람은 이 자연스러운 상황이 광고라는 것을 눈치채지 못합니다.

그뿐만 아니라 광고주들은 고용한 사람들이 온라인 채팅방이나 **소셜 네트워크** 사이트에 제품에 대해 좋은 이야기를 쓰도록 합니다. 고용된 사람들은 쇼핑 웹 사이트에 들어가 제품에 관한 좋은 리뷰를 남기기도 하지요.

이러한 경우 일상적으로 보이는 대화들이 사실은 모두 광고인 셈입니다. 많은 사람들이 이러한 언더커버 마케팅에 대해 분노합니다. 광고주가 사람들을 속이고 있다는 것이지요. 하지만 광고주들은 자신들이 표현의 자유를 행사하는 것뿐이라고 주장합니다.

간추려 보기

- 광고가 많아짐에 따라 사람들은 점점 광고에 반응을 보이지 않게 되었다. 그래서 광고 회사들은 '보이지 않는 광고' 전략을 사용한다.
- '보이지 않는 광고'는 광고 기사, 협찬 광고 등 한눈에 그것이 광고라는 사실을 알아차리기 힘든 광고를 뜻한다. 사람들은 이러한 광고가 광고임을 알리지 않아 소비자를 속일 의도가 있다고 해서 '보이지 않는 광고'에 반대하기도 한다.

인터넷 광고

인터넷은 가장 최근에 등장한 주요 광고 매체입니다. 온라인 광고는 소비자와 상호 작용이 가능하고, 그 광고가 얼마나 성공적인지 알 수 있다는 장점이 있습니다. 그래서 광고주는 웹 사이트, 이메일, 배너 등을 이용한 온라인 광고를 활발히 펼치지요.

인터넷은 가장 최근에 등장한 주요 광고 매체입니다.

광고주들은 온라인 광고의 특수성을 매우 반겼습니다. 다른 매체에 광고를 할 경우 타깃 고객이 누구인지에 따라 광고를 게재할 장소를 달리 해야 하는 반면, 온라인 광고를 하면 많은 잡지 중 어떤 잡지에 광고를 실어야 할지 등을 고민하지 않아도 되기 때문입니다. 인터넷은 전 세계에 걸쳐 어떤 잡지나 채널보다 훨씬 광범위한 사용자를 확보하고 있으니까요.

인터넷은 소비자와 상호 작용이 가능한 공간입니다. 광고에 연결된 링크는 사람들을 다른 웹 사이트로 인도하는데, 주로 제품의 온라인 매장으로 곧바로 연결하지요. 광고주가 소비자에게 온라인 설문 조사를 요청할 수도 있습니다. 이것은 포커스 그룹에게서 정보를 얻는 것과 같은 효과를 내지요. 게다가 인터넷을 통한 설문 조사는 오프라인 조사보다 비용이 훨씬 적게 든다는 장점이 있습니다.

광고주들이 인터넷을 통한 광고를 좋아하는 또 하나의 이유가 있습니다. 바로 광고가 얼마나 성공적인지를 알 수 있다는 점이지요. 대부분의 광고 매체는 광고의 효과를 파악하기 힙듭니다. 예컨대 얼마나 많은 사람이 특정 잡지에 실린 광고를 읽었는지 아는 것은 불가능합니다. 하지만 온라인 광고에서는 몇 명이 이 광고를 클릭했는지 알 수 있기 때문에 광고주가 광고의 성공 여부를 알 수 있지요.

웹 사이트와 이메일

대기업들은 대부분 웹 사이트를 갖고 있습니다. 기업의 웹 사이트는 제품의 성분과 가격 등 유용한 정보를 담고 있기는 하지만 그 자체로 거대한 광고인 경우가 많습니다.

광고주들은 웹 사이트를 통해 무료로 다운로드 할 수 있는 다양한 콘텐츠와 쿠폰을 제공하는 등 소비자가 회사의 웹 사이트를 방문하도록 온갖 노력을 다합니다. 젊은 고객층을 타깃으로 하는 브랜드들은 고객을 자기 브랜드의 웹 사이트로 유인하기 위해 소셜 네트워크 사이트를 이용합니다. 또 어린이와 십대를 주 고객층으로 하는 회사의 웹 사이트에서는 간단한 컴퓨터 게임을 제공하기도 하지요.

광고주들은 웹 사이트를 방문한 고객이 광고에 영향을 받아서 제품을 구매하기를 희망합니다. 더불어 방문자들이 웹 사이트의 회원으로 가입하거나 온라인 설문에 답하면서 개인 정보를 제공하기를 바라지요. 개인 정보를 이용하면 방문자들에게 더 많은 광고를 할 수 있기 때문입니다. 개인 이메일이나 주소로 광고 메일과 우편을 보내는 것처럼 말이지요.

이메일은 광고주들이 좋아하는 또 하나의 광고 수단입니다. 때로는 할인 쿠폰이 들어 있는 메일처럼 실질적인 도움을 주는 이메일도 있습니다. 하지만 원하지 않는 이메일은 성가신 존재일 뿐이며 '스팸'이라고 불리기도 합니다. 스팸 메일은 컴퓨터를 느리게 만들고 메일함을 어지럽힙니다. 그래서 스팸 메일을 막아 주는 소프트웨어가 계속 개발되고 있지요.

소비자들은 법적 권리를 이용하여 기업이 자신에게 이메일을 보내지 못하게 하기도 합니다. 흔히 '수신 거부'라고 하지요. 이 방법으로 특정 회사가 스팸 메일을 보내지 않도록 할 수 있습니다. 모든 스팸 메일을 없애는 것은 불가능하지만요.

배너와 팝업 광고

배너 광고란 웹 사이트의 상단과 하단에 보이는 길쭉한 직사각형 모양의 광고를 말합니다. 배너 광고는 이용자의 주목을 받기 위해 깜빡이다가 갑자기 멈추거나 계속해서 번쩍거리기도 합니다. 팝업 광고는 웹 페이지의 위나 아래에 갑자기 새 창이 생기는 광고입니다. 광고주들은 소비자가 이런 광고를 그냥 지나치지 않고 클릭하여 그들의 웹 사이트에 방문하기를 바라지요.

하지만 많은 사람들이 배너와 팝업 광고를 무시합니다. 조사에 따르면 단 1퍼센트의 사람만이 이러한 광고를 클릭한다고 합니다. 그래서 광고주들은 속임수 배너를 이용합니다. 속임수 배너나 팝업 광고는 중요한 내용처럼 보입니다. 컴퓨터를 다시 시작하라는 등 컴퓨터 시스템 메시지처럼 보이기도 합니다. 하지만 클릭하면 광고를 낸 회사의 웹 사이트로 연결되지요. 많은 사람이 속임수 광고 때문에 짜증을 냈고, 결국 이러한 광고를 차단하는 소프트웨어까지 개발되었습니다.

스폰서 링크

사람들이 인터넷 광고를 무시하고 차단하는 방법을 찾아내자 광고주들도 새로운 기술을 찾게 되었습니다. 그중 하나가 **스폰서** 링크인데, 인터넷 검색 결과로 나타나는 웹 사이트 주소가 사실은 광고인 경우입니다. 광고주는 스폰서 링크가 검색 결과로 나타나도록 검색 포털 사이트에 돈을 지불합니다.

스폰서 링크에는 종종 '후원'이나 '협찬' 같은 말이 붙어 있으며, 실제 검색 결과와는 약간 떨어진 위치에 나타나거나 다른 색으로 표시됩니다. 인터넷 사용자가 스폰서 링크를 클릭하면 광고가 뜨지요.

❙ 인터넷은 현명하게 사용하면 엄청난 정보를 얻을 수 있다.

스폰서 링크가 항상 나쁜 것만은 아닙니다. 소비자가 어떤 상품을 구매하려고 할 때 스폰서 링크가 그 제품을 싼 가격에 파는 사이트로 인도할 수도 있어요. 하지만 실제 검색 결과와 광고의 일종인 스폰서 링크 사이에는 매우 큰 차이가 있다는 것을 잊어서는 안 됩니다.

개인 정보를 이용한 맞춤형 광고

배너 광고와 팝업 광고가 자신의 관심사를 반영한다고 느낀 적이 있나요? 인터넷 광고가 여러분이 누구인지 알고 있는 것처럼 보이지는 않나요? 휴대 전화와 관련된 검색을 많이 한 날 휴대 전화 배너 광고가 뜨는 것처럼 말이지요.

구글과 야후, 마이크로소프트 등의 주요 검색 사이트와 온라인 서비스 제공사들은 맞춤형 서비스를 지향합니다. 개인의 기호를 반영하는 정보와 광고를 제공하려는 것입니다. 이를 위해 온라인 서비스 제공사들은 사용자가 입력하고 클릭하는 모든 것을 저장하고, 그렇게 저장된 개인 정보를 광고 네트워크가 수집하도록 합니다. 광고 네트워크가 수집한 개인 정보는 제품을 팔려는 회사들에게 제공되지요. 그래서 여러분이 검색하거나 클릭했던 제품과 서비스가 여러분의 인터넷 창에 뜨는 광고에 나타나게 되는 것입니다. 이것을 개인 정보를 이용한 맞춤형 광고라고 부릅니다.

어떤 사람들은 인터넷이 자신의 기호에 맞는 정보를 제공해 주는 것이 유용하다고 생각합니다. 광고주와 광고 제작자들은 이러한 방법으로 소비자에게 다가가는 것 또한 언론의 자유라고 주장하지요.

하지만 맞춤형 광고가 개인의 사생활을 크게 침범하는 행위라며 걱정하는 목소리도 높습니다. 예를 들어 인터넷으로 건강이나 가족 문제 등 매우 사적인 주제를 검색했는데 광고 회사가 이를 알게 될 수도 있습니다. 신용카드 번호 같은 개인 정보에 대해 걱정하는 사람도 있지요. 명의 도용의 위험이 있기 때문입니다. 명의 도용이란 누군가가 다른 사람인 척하며 개인의 카드 정보 등을 이용하여 물건을 사거나 불법적인 금융 거래를 하는 것을 뜻해요.

그래서 인터넷 사용자의 사생활을 보호하기 위한 소프트웨어들이 개발되고 있습니다. 정부도 소비자의 개인 정보를 보호하기 위한 방법을 찾는 중이지요.

바이럴 마케팅

최근에 광고주들은 사람들의 입소문을 타고 널리 퍼져나가는 광고를 만들기 시작했습니다. 이를 바이럴 마케팅(Viral Marketing)이라고 합니다. 바이러스처럼 전염되는 마케팅이라는 뜻이지요. 바이럴 마케팅은 많은 사람이 특정 상품에 대해 이야기하게 만드는 것이 목적입니다. 사람들이 자신의 블로그나 인터넷 채팅에서 그 상품, 또는 상품의 광고에 대해 언급하게 하여 다른 사람들이 직접 그 상품을 구입하거나 광고를 찾아보도록 만드는 것이지요. 바이럴 마케팅은 사람들이 입에서 입으로 이야기를 퍼뜨리도록 하는 방식이기 때문에 광고비가 거의 들지 않는다는 장점이 있습니다.

최근 온라인에서는 바이럴 마케팅으로 성공을 거둔 사례를 심심찮게 찾아볼 수 있습니다. 광고하는 제품이나 서비스와 관련된 이벤트나 게임 등을 만들어서 사람들이 재미있게 이야기를 나누도록 한 것이지요. 예를 들어 2008년 영화 〈다크 나이트〉의 영화사는 영화를 개봉하면서 온라인 퀴즈를 푸는 이벤트를 시작했습니다. 〈다크 나이트〉의 팬들은 퀴즈의 힌트를 얻기 위해 많은 웹 사이트를 돌아다녔지요. 수천 명의 사람들이 이 퀴즈에 대해 이야기하는 데 많은 시간을 쏟았습니다. 자연히 다른 사람들도 이 퀴즈와 〈다크 나이트〉에 관심을 갖게 되었습니다.

이러한 종류의 광고는 소비자에게 자연스럽게 상품에 대한 호감을 갖도록 할 수 있습니다. 상당히 저렴한 광고 방법이기도 하지요. 하지만 최근에는 지나친 바이럴 마케팅 때문에 불편을 겪는 일도 생겼습니다. 어떤 제품에 대한 객관적인 정보를 얻고 싶어서 인터넷 검색을 해도 그 결과가 온통 바이럴 마케팅을 이용한 광고인 경우가 많기 때문입니다. 겉보기에는 개인 블로그 같지만 알고 보면 바이럴 마케팅을 위한 홍보용 블로그인 경우도 있지요. 여러분은 바이럴 마케팅 때문에 제품을 구매해 본 적이 있나요?

똑똑한 소비자가 되세요

광고주들은 새롭고 때로는 생소한 광고 기술과 매체들을 개발하고 있습니다. 다음에 또 어떤 광고 전략이 등장할지는 아무도 모릅니다.

그래서 우리는 똑똑한 소비자가 되기 위해 최선을 다해야 합니다. 물론 광고가 전달하는 정보로 인해 어떤 제품에 진심으로 흥미를 느끼거나, 참신한 광고를 보고 재미있다고 생각할 수도 있어요. 하지만 동시에 광고주들이 어떤 메시지를 전달하려 하는지를 고민해 보아야 합니다. 광고가 사용하는 속임수에 속지 말고, 뜻하지 않은 곳에서 마주치는 광고를 조심하세요.

만일 광고가 말하려는 바에 문제가 있다고 생각되면 소비자로서의 권리를 활용하면 됩니다. 다른 소비자들과 합심하여 앞으로 그 회사의 제품을 사지 않기로 하거나 항의 편지를 쓸 수도 있고, 지역 신문 같은 매체를 통해 특정 광고에 대한 여러분의 우려를 표현할 수도 있습니다.

우리는 아마 광고가 없는 세상에 살지는 못할 것입니다. 하지만 무차별적인 광고의 습격에 어떻게 대응할지는 스스로 결정할 수 있지요.

알아두기

채팅방이나 소셜 네트워크 사이트에서 만난 낯선 사람에게 절대 개인 정보를 가르쳐 주어서는 안 된다. 개인 정보란 휴대 전화 번호나 나이, 주소, 학교, 메신저 아이디나 이름 등의 정보를 뜻한다.

만약 누군가 인터넷에서 여러분의 개인 정보를 요구한다면 반드시 부모님과 상의해야 한다. 많은 개인 정보를 줄수록 상대방이 여러분을 찾아내거나 더 사적인 개인 정보를 훔치기가 쉬워진다.

간추려 보기

- 최근에는 인터넷을 통한 광고 전략도 다양해졌다. 기업 웹 사이트나 이 메일을 이용한 기본적인 광고부터 스폰서 링크, 바이럴 마케팅 같은 '보이지 않는 광고'까지 인터넷을 통해 전개된다.
- 소비자들은 인터넷 광고 때문에 개인 정보 유출이나 사생활 침해 같은 피해를 입지 않도록 유의해야 한다.

용어 설명

강박 관념 옳지 않거나 의미 없다는 것을 알면서도 반복해서 떠오르는 어떤 생각. 이것이 계속되다 보면 정신적으로 매우 불안하고 피로해진다.

공영 방송사 사기업의 이익을 위해 운영하는 것이 아니라 공공의 이익을 위해 운영하는 방송사. 대체로 국민들에게 양질의 방송을 제공하는 것을 목적으로 한다. 우리나라의 공영 방송사로는 KBS와 EBS가 있다.

규제 정해진 규칙에 따라 일정한 정도를 넘지 못하게 막는 것.

대공황 1929년 미국에서 시작되어 전 세계로 번진 대규모 경제 공황 사태. 소비보다 생산량이 많아져 물가가 폭락했고 많은 실업자가 발생했다. 대공황으로 인해 자유 시장 경제 체제에 대한 의문이 제기되었다. 이 불황은 제2차 세계 대전이 일어나기 전까지 계속되었다.

대의명분 '큰 뜻을 펼치기 위해 지켜야 할 도리'라는 뜻으로, 보통 어떤 일을 꾸미는 사람들이 자신의 정당함을 주장하기 위해 내세우는 생각이다. 실질적인 내용보다는 형식적인 명분에 가깝다.

로고 어떤 회사나 제품의 이름을 독특하게 만든 것. 로고마다 특정한 색이나 모양이 정해져 있고 어떤 것은 글자보다 그림에 가까워 보이기도 한다. 그 회사나 제품의 정체성을 나타내기 위해 상표처럼 쓰인다. 로고타이프(logotype)의 줄임말이다.

마케팅 비용 제품이나 서비스를 소비자에게 효과적으로 판매하기 위한 모든 과정에 들어가는 비용. 여기에서 '모든 과정'에는 상품의 이름과 가격을 정하는 것부터 광고를 제작하고 유통하는 것까지 포함된다.

매체 어떤 내용을 담아 독자, 시청자, 청취자 등의 수용자에게 전달하는 수단. 보통 '미디어'라고도 한다. 신문, 책, 잡지, 텔레비전, 라디오 등이 이에 속하며 최근에는 새로운 매체인 인터넷이 생겨났다.

사회적 지위 재산과 교육의 정도, 직업, 출

신, 인종, 성별 등을 기준으로 결정되는, 한 사람이 사회 안에서 차지하는 위치를 말한다. 우리는 사회적 지위의 높고 낮음에 따라 누군가를 차별하지 않아야 한다.

산업 혁명 18세기 영국에서 일어난 급진적인 기계의 발달을 뜻한다. 증기 기관 등이 발명된 것을 시작으로 많은 기계가 생겨났다. 이로 말미암아 인류의 삶은 급격하게 변화했다. 농업 사회에서 공업 사회로 전반적인 사회 모습 자체가 바뀌었기 때문이다. 산업 혁명은 기계의 발달과 이로 인한 인류의 삶의 모습 변화 모두를 이르는 데 쓰이기도 하는 용어.

섭식 장애 거식증, 폭식증 등 음식을 먹는 것과 관련된 장애. 비정상적인 수준까지 살을 빼기 위해 음식을 거부하거나, 과식, 폭식을 한 뒤 억지로 다시 토해 내는 증상을 보인다. 섭식 장애에 걸리면 육체적으로는 물론이고 정신적으로도 우울증 같은 문제를 겪게 된다.

소셜 네트워크 인터넷을 통해서 친구, 가족 등 원래 알고 있던 사람들뿐만 아니라 전혀 몰랐던 새로운 사람과도 사회적 관계를 맺는 것. 대부분 페이스북, 싸이월드 등의 서비스를 통해 이루어진다.

쇼핑 호스트 홈쇼핑 방송에서 소비자에게 직접 제품에 대한 정보를 전달하는 사람. 작가가 제품 정보를 바탕으로 대본을 써 주면 그것을 자유롭게 구성하여 말한다. 방송을 보는 소비자들에게 친근한 태도로 접근하여 광고 방송을 보고 있는 것이 아니라 친한 사람에게 추천을 받고 있는듯한 느낌을 준다.

스팸 메일 원하지 않는 광고를 대량으로 전송하는 메일. 네모 모양의 깡통에 든 햄인 '스팸'을 처음 만든 회사는 스팸을 엄청나게 광고했다. 나중에는 사람들이 스팸 광고를 '광고 공해'라고 부를 지경이었다. 그 뒤로 원하지 않는 대량 광고를 스팸 광고라고 부르게 된 것이 스팸 메일의 유래다.

스폰서 후원자. 주로 텔레비전이나 라디오 광고의 광고주라는 의미로 쓰인다.

익스트림 스포츠 극한 스포츠. 영어로 극한을 뜻하는 'extreme'에서 'X'를 따와 X게임이라고 부르기도 한다. 자전거 스턴트, 스케이트 보드, 인라인 스케이트, 번지 점프 등 종류가 많다. 모두 위험성이 높은 종목들이기 때문에 젊은이들이 주로 즐긴다.

잠재적 소비자 아직 그 제품이나 서비스를 구매하지는 않았지만 곧 구매할 것으로 예상되는 사람.

재정 개인이나 기업의 경제 상태.

카피라이터 광고에 삽입되는 문구를 만드는 사람. 소비자의 기억에 오래 남는 강렬한 슬로건을 전달하는 것은 광고의 가장 큰 목적이다. 이는 소비자의 구매에 영향을 미치기 때문이다. 따라서 카피라이터는 짧고 강렬하며 해당 제품이나 기업에 긍정적인 이미지를 줄 수 있는 문구를 만들어 내야 한다.

타깃 고객 어떤 제품을 주로 구매할 것으로 예상되는 고객. 제품을 판매할 때는 타깃 고객을 미리 설정하고 그에 알맞은 판매 전략을 세워야 한다.

포커스 그룹 기업이 자신이 출시할 제품에 대한 이야기를 나누게 하려고 고용한 사람들로, 주로 타깃 고객 중에서 선정한다. 포커스 그룹이 되면 특정 제품에 대해 자유롭게 이야기를 나누게 된다. 기업은 포커스 그룹을 통해 적은 비용으로 많은 유용한 정보들을 얻을 수 있다. 하지만 포커스 그룹에 속한 인원이 적기 때문에 대표성이 떨어진다는 단점이 있다.

푸드 스타일리스트 영화나 광고, 잡지 화보 등에 나올 음식이 더 예쁘고 먹음직스럽게 보이도록 연출하는 사람. 새로운 메뉴를 개발하기도 한다. 음식에 어울리는 그릇과 테이블 장식을 고르고 직접 연출해야 하므로 요리 능력은 물론이고 미적 감각까지 요구되는 직업이다.

플래시 몹 인터넷 게시판이나 이메일, 휴대전화 등을 통해 시간과 장소를 정한 뒤 그곳에 모여 미리 정해 둔 행동을 하고 다시 아무 일 없었다는 듯 흩어지는 행위, 또는 그 행위를 하는 사람들을 말한다. 예를 들어 많은 사람이 번화가에서 행인인 것처럼 행동하다가 정해진 시간이 되면 갑자기 모여 춤을 춘 후 다시 흩어지는 것 같은 일이다.

허위 광고 제품이나 서비스에 대한 거짓 정보를 내보내서 소비자를 속이는 광고. 주로 상품의 품질, 가격에 대한 거짓 정보를 담고 있는 경우가 많다. 인기 있는 경쟁 상품을 은근히 비하하는 허위 광고도 있다.

혐의 어떤 일, 특히 범죄를 저질렀을 가능성이 있다고 보는 것.

히스패닉 미국에 사는 중남미 출신 사람들을 일컫는 말. 그들의 자손도 히스패닉이라고 부른다. 스페인어를 쓰며, 미국 안에서 자신들만의 독특한 문화를 가지고 있다. 라틴 아메리카에서 왔기 때문에 '라티노'라고도 불린다.

연표

1760∼1850년대 산업 혁명으로 동력 기계가 발전하고 공장이 급속히 늘어남에 따라 유럽과 북아메리카의 생활 모습이 변화했다. 대량 생산이 가능해져 판매하고 소비할 상품들이 증가했으며, 광고 산업이 발전하기 시작했다.

1842년 볼니 파머가 필라델피아에 미국 최초의 광고 회사를 설립했다. 현대적인 광고가 시작되었다.

1800년대 중반 초기 광고주들이 전단과 명함 등의 인쇄물을 사용했다. 이후 신문과 잡지가 널리 보급되어 주요 광고 매체로 떠올랐다. 광고 회사가 많이 생겼으며 일반 기업을 대신해 광고를 담당하는 대리인이 되었다.

1870년대 인쇄 기술이 발전하여 색과 이미지를 인쇄할 수 있게 되었다. 이로써 포스터가 광고의 주요 매체로 떠올랐다.

1880년대 대기업들이 다른 회사와 차별되는 이미지와 로고를 붙인 포장을 생산하기 시작했다. 다른 회사들과 구별 가능한 브랜드 이름이 중요해졌다.

1890년대 광고판이 중요한 광고 매체로 개발되었다. 특허 의약품을 광고하기 시작했는데 이 광고에는 근거 없는 효과 홍보만 넘쳐 났다. 많은 약이 실제로는 유해했으며 알코올이나 코카인 같은 마약 성분을 포함하고 있었다. 이러한 광고의 부작용 때문에 광고를 규제하는 법률이 생겼다.

1900년대   거대 광고 회사가 생겨나기 시작했다. 이 광고 회사들은 광고를 제작하고 주요 매체에 광고를 게재하는 일을 전문적으로 담당했다.

1920년대   라디오가 새로운 광고 매체로 떠올랐다.

1922년   라디오가 인기 있는 광고 매체로 급부상했다. 영국 공영방송 BBC는 라디오를 공공 서비스로 보았기 때문에 라디오 광고를 허용하지 않았다.

1930년대   BBC의 대안으로 광고를 허용하는 IBC라는 라디오 방송국이 설립되었다.

1940년대   광고 회사들이 제2차 세계 대전에 동참하여 포스터와 라디오 광고, 전단 등을 통한 선전물을 만들었다.
로서 리브스가 고유판매제안 개념을 만들었다.
미국에서 텔레비전이 주요 광고 매체로 새로이 등장했다.

1955년 　영국에서 처음으로 상업 텔레비전 방송사가 등장했다.

1960년대 　영국과 유럽에 주요 광고 회사들이 새롭게 생겨났다.
　　　　　광고주들이 소비자에게 더 창의적이고 친근하게 접근하기 위해
　　　　　노력하기 시작했다.

1962년 　영국에서 광고를 감독하기 위해 광고 심의 위원회가 설립되었다.

1980년대 　위성 텔레비전이 새로운 광고 매체로 인기를 얻었다.
　　　　　광고주들이 전 세계에서 동시에 진행되는 광고에 엄청난 자본
　　　　　을 투자하기 시작했다.

1990년대 　인터넷이 새로운 광고 매체로 주목받기 시작했다.

2000년대 　소비자의 주목을 받기 위해 장소 기반형 광고와 게릴라 마케팅,
　　　　　바이럴 마케팅, 언더커버 마케팅 등 새로운 아이디어가 개발되
　　　　　었다.
　　　　　광고주들은 인터넷 광고에 점점 더 많은 예산을 투입하게 되었다.

더 알아보기

한국 광고협회 광고정보센터 www.ad.co.kr
우리나라에서 만들어진 모든 광고에 대한 정보를 알 수 있는 사이트. 일별, 월별, 연별 최고의 광고를 선정하고 그 심사평을 공개한다. 광고업계의 채용 정보와 광고에 관한 학술 논문도 제공한다.

TV CF www.tvcf.co.kr
전 세계의 텔레비전 광고를 볼 수 있는 사이트. 1위부터 100위까지 인기 광고 순위를 매겨 놓아 최근 광고의 흐름을 한눈에 파악할 수 있다.

한국 광고 자율 심의기구 www.karb.or.kr
광고 심의에 관련된 법규를 알아볼 수 있으며, 광고를 제작하고자 하는 사람들에게 적절한 표현 기준을 조언해 준다. 광고의 자율성과 신뢰도를 모두 지키려면 어떻게 해야 할지 고민해 볼 수 있다.

올해의 브랜드 대상 abk.kcforum.co.kr
소비자들의 투표로 '올해의 브랜드'를 선정하는 '올해의 브랜드 대상' 공식 사이트. 2004년부터 2013년까지 역대 수상 브랜드를 살펴볼 수 있다. 선정 기간에는 직접 투표 참여가 가능하다.

찾아보기

내인생의책은 한 권의 책을 만들 때마다
우리 아이들이 나중에 자라 이 책이 '내 인생의 책'이라고 말할 수 있는 책을 만들고자 합니다.

세상에 대하여 우리가 더 잘 알아야 할 교양

(32) 광고 그대로 믿어도 될까? (원제:Advertising Attack)

로라 헨슬리 글 | 김지윤 옮김 | 심성욱 감수

초판 인쇄일 2014년 4월 8일 | 초판 발행일 2014년 4월 20일
펴낸이 조기룡 | 펴낸곳 내인생의책 | 등록번호 제10-2315호
주소 서울시 강서구 가양동 52-7 강서 한강자이타워 A동 306호
전화 (02)335-0449, 335-0445(편집) | 팩스 (02)6499-1165
전자우편 bookinmylife@naver.com | 카페 http://cafe.naver.com/thebookinmylife
편집장 이은아 | 책임편집 이민해 | 편집 박호진 진송이 조정우 신인수 이다겸 이지연 김예지
디자인 최원영 심재원 | 경영지원 김지연 | 마케팅 이성민 서영광

이 책의 한국어판 저작권은 임프리마 에이전시를 통해
영국 Capstone Global Library 출판사와 독점 계약으로 **내인생의책**에 있습니다.
저작권법에 의해 한국 내에서 보호를 받는 저작물이므로 무단전재와 무단복제를 금합니다.

ISBN 978-89-97980-91-8 44300
ISBN 978-89-97980-52-9 44330(세트)

Advertising Attack by Laura Hensley
Under licence to Capstone Global Library Limited.
Text © Capstone Global Library Limited 2011
All rights reserved.
Korean translation copyright © 2014 by TheBookinMyLife Publishing Co
This Korean edition is published by arrangement with Capstone Global Library Limited through Imprima
Korea Agency, Seoul, Korea

책값은 뒤표지에 있습니다. 잘못된 책은 구입처에서 바꾸어 드립니다.

이 도서의 국립중앙도서관 출판시도서목록(CIP)은 e-CIP 홈페이지(http://www.ml.go.kr/ecip)에서 이용하실 수 있습니다.
(CIP제어번호: 2014008816)

디베이트 월드 이슈 시리즈

세상에 대하여 우리가 더 잘 알아야 할 교양

미국, 영국, 캐나다 디베이트 교과서!

《디베이트 월드 이슈 시리즈 세더잘》은 우리 아이들에게 편견에 둘러싸인 세계 흐름에서 벗어나 보다 더 적확한 정보와 지식을 제공합니다. 모두가 'A는 B이다.'라고 믿는 사실이, 'A는 B만이 아니라, C나 D일 수도 있다.' 는 것을 알려 주면서 아이들이 또 다른 진실을 발견하도록 안내합니다.

 ★ 문화체육관광부 우수교양도서 ★ 한국간행물윤리위원회 청소년 권장도서 ★ 서울시교육청 추천도서 ★ 보건복지부 우수건강도서 ★ 아침독서 추천도서 ★ 대교눈높이창의독서 선정도서 ★ 학교도서관저널 추천도서

세더잘 31
투표와 선거 과연 공정할까?

마이클 버간 글 | 이현정 옮김 | 신재혁 감수

대의 민주주의에서는 투표와 선거를 통해 당선된 사람을 반드시 우리의 대표자로 인정해야 한다.
vs 투표와 선거의 과정이 공정하지 않았을 수도 있으므로 그 결과를 무조건 신뢰할 수는 없다.

투표와 선거는 민주주의 국가에 살고 있는 시민들의 중요한 권리이자 의무입니다. 우리는 투표와 선거를 통해 공동체를 이끌 대표자를 선출하지요. 현재의 선거 제도는 일반 국민의 의사를 제대로 반영할까요? 아니라면 어떤 모습으로 바뀌어야 할까요?

세더잘 30
맞춤아기 누구의 권리일까?

존 블리스 글 | 이현정 옮김 | 오정수 감수

맞춤아기는 심각한 유전 질환을 가진 아이에게 구세주가 될 수 있다
vs 병을 치료하기 위해 맞춤아기를 만드는 일은 인간의 생명을 도구로 사용하는 일이다

맞춤아기가 등장하면서 개인의 권리와 생명의 가치 그리고 과학 기술의 발전이 어떻게 균형을 맞추어야 하는지에 대해 끝없는 논쟁이 일고 있습니다. 맞춤아기 기술의 현주소는 어디이며 앞으로 어디까지 발전될까요? 또한 맞춤아기는 어떻게 사용될 수 있으며, 어디까지 사용할 수 있도록 허용해야 할까요?

세더잘 29
리더 누가 되어야 할까?

질리 헌트 글 | 이현정 옮김 | 최진 감수

리더는 다른 사람들의 희생이 따르더라도 자국의 이익을 위해 과감한 결정을 해야 한다.
vs 리더는 자국의 이익을 위한 결정이 의도치 않은 결과를 초래할 수 있다는 사실을 염두에 두고 신중하게 행동해야 한다.

리더는 자신이 이끄는 집단을 대표하여 중대한 결정을 합니다. 하지만 그 선택에 때로는 많은 사람들의 희생이 따르기도 합니다. 그렇다면 어떤 결정을 하는 리더가 좋은 리더일까요?

세더잘 22
줄기세포 꿈의 치료법일까?

피트 무어 글 | 김좌준 옮김 | 김동욱, 황동연 감수

줄기세포는 질병 퇴치와 수명 연장의 꿈을 실현해 줄 것이다.
vs 윤리적 논란과 안전성 문제가 해결되지 않는 한 섣부른 기대다.

줄기세포는 꿈의 치료법으로 기대를 모으며 국가적으로 지원받고 있는 의료 분야의 화두입니다. 이 책은 줄기세포에 대한 과학적 지식은 물론, 줄기세포 연구를 이해할 때 수반되는 동물 실험이나 유전 공학, 인간 복제, 민간 자본 개입 문제에 대해서도 자연스레 꿰어 감으로써 21세기 생명과학과 생명윤리 전반에 대한 기초 소양을 쌓게 해 줍니다.

세더잘 21
안락사 허용해야 할까?

케이 스티어만 글 | 장희재 옮김 | 권복규 감수

안락사는 가면을 뒤집어쓴 살인 행위에 불과하다.
vs 인간은 품위 있는 죽음을 선택할 수 있어야 한다.

이 책은 안락사 전반을 둘러싼 사회문화적, 철학적 쟁점들을 균형 있게 살펴보면서 삶과 죽음의 문제에 접근합니다. 안락사를 현대 의학의 효율성과 경제적 측면에서 바라보는 것이 아니라 삶과 죽음이라는 커다란 그림 안에서 바라보게 하는 것이지요. 끝없이 계속되는 안락사 찬반 논쟁을 살펴보면서 삶의 소중함을 깨달아 봅시다.

세더잘 20
피임 인구 조절의 대안일까?

재키 베일리 글 | 장선하 옮김 | 김호연 감수

태아는 태어날 권리가 있다.
vs 피임은 인간다운 삶의 필요조건이다.

피임과 인구 문제는 서로 어떤 연관성이 있을까요? 중국의 '한 자녀 정책'과 같은 국가 차원에서의 피임 정책이 인구 증가를 잡는 해결책이 될 수 있을까요? 출산율을 잡으려다 자칫 태아의 생명권만 침해하는 건 아닐까요? 일반적인 청소년 교양서들이 피임과 인구 문제를 분리해서 다루는 데 비해 이 책은 두 주제 간에 통합적인 사고를 이끌어내는 게 특징입니다.

세더잘 19
유전 공학 과연 이로울까?

피트 무어 글 | 서종기 옮김 | 이준호 감수

유전 공학 기술의 발전과 활용은 반드시 필요하다.
vs 생물의 기본 구성 요소를 건드리는 것은 위험한 일이다.

인류는 인간의 삶에 유용하도록 동식물의 유전자를 변형시켜 왔습니다. 복제 양 돌리가 탄생하고 우유를 많이 생산해 내는 젖소와 육질이 풍부한 소는 물론 털이 빨리 자라는 양과 병해충과 농약에 강한 농작물 등이 바로 그 결과물입니다. 유전 공학의 발전으로 생명 연장의 길이 열리게 되었다고 열광하는 사람들도 있습니다. 이처럼 날로 발전하는 유전 공학의 기술이 과연 인간에게 이로운 것인지에 대해 함께 토론해 봅시다.

세더잘 18
낙태 금지해야 할까?

재키 베일리 글 | 정여진 옮김 | 양현아 감수

낙태는 개인의 선택에 맡겨야 한다.
vs 국가가 규제하고 제한해야 한다.

낙태는 금지되어야 할까, 아니면 허용해야 할까? 만약 허용한다면 어디까지 허용해야 할까? 이와 같은 낙태에 대한 논쟁은 아주 오래전부터 끊임없이 지속되어 왔습니다. 낙태는 아이를 가진 여성 개인의 문제만이 아닌 태아를 하나의 인격체로 봐야 하는지 아닌지에 대한 부분까지 고려해야 하는 결코 쉽지 않은 주제입니다.

세더잘 17
프라이버시와 감시 자유냐, 안전이냐?

캐스 센커 글 | 이주만 옮김 | 홍성수 감수

프라이버시는 인간의 본질적 권리로 우리 모두가 지켜 나가야 한다.
vs 개인 PR의 시대, 자신의 프라이버시를 얼마큼 보호하느냐는 각자가 선택할 사항이다.

거리 곳곳에는 CCTV가 넘쳐나고, 생체 정보로 신원을 확인하고, 인터넷을 쓰려면 사이트마다 개인 정보를 입력해야 하는 등 프라이버시 침해와 일상적인 감시가 만연한 시대가 되었습니다. 범죄 예방 등 공동체의 안전을 담보하고 정보화 시대의 편익을 누리면서도 기본적 인권인 프라이버시를 어떻게 지켜 낼 수 있을지 생각해 봅니다.

세더잘 10

성형수술 외모지상주의의 끝은?

케이 스티어만 글 | 김아림 옮김 | 황상민 감수

미용 성형 산업을 객관적인 시선으로 바라보도록 도와주어
현대 사회에 대한 근본적인 물음을 던지게 하는 책

성형 수술의 역사, 의미, 효과, 역사적 배경, 성형 산업의 현실 등을 상세하게 설명해 미용 성형에 대해 스스로 생각하고 합리적으로 판단할 수 있는 힘을 길러줍니다. 마땅히 '수정되어야 할 몸'에 대한 끊임없는 강박과 열등감이 만연한 현대 사회를 어떻게 바라봐야 할지 다시 한 번 깊이 생각하게 해 줄 것입니다.

세더잘 09

자연재해 인간과 자연이 공존하는 길은?

안토니 메이슨 글 | 선세갑 옮김

자연재해에 관한 사회·과학 통합서
'자연 대 인간'에서 '자연과 인간'으로!

이 책은 자연재해의 유형과 원인을 과학 원리로 설명하고,
피해자 구조나 복구 과정, 방재 대책 등에 관해 체계적으로 살펴봅니다. 또한 자연재해의 이면에 숨어 있는 정치·경제적인 논의와 함께 인간의 무분별한 행태가 재해를 부추기는 면도 지적하며 인문학적인 성찰을 유도합니다.

세더잘 08

미디어의 힘 견제해야 할까?

데이비드 애보트 글 | 이윤진 옮김 | 안광복 추천

미디어는 규제받아야 한다.
vs 미디어는 자유로워야 한다.

오늘날 제4의 권력이라고 불릴 정도로 강력해진 미디어의 힘에 대해 알아봅니다. 미디어를 지탱하는 언론 자유와 그 힘을 통제하려는 정부의 규제 사이에서 벌어지는 논쟁에 대한 다양한 관점을 제시하고, 미래의 미디어가 나아가야 할 방향에 대해서 생각해 보도록 돕습니다.

세더잘 07

에너지 위기 어디까지 왔나?

이완 맥레쉬 글 | 박미용 옮김

지구 온난화, 전쟁과 테러, 허리케인…
이 모든 것은 에너지 위기에서 비롯되었다!

우리는 에너지 없는 세상에서 하루도 살 수 없습니다. 하지만 현재 속도로 에너지를 소비한다면 앞으로 40년 이내에 주에너지원인 석유가 고갈될 것입니다. 이 책은 에너지 위기가 불러올 정치, 사회, 경제, 환경의 변화를 알아보고, 무엇이 화석연료를 대신할 차세대 에너지원이 될지 꼼꼼히 따져 봅니다.

세더잘 06

자본주의 왜 변할까?

데이비드 다우닝 글 | 김영배 옮김 | 전국사회교사모임 감수

인류를 위한 가장 바람직한 자본주의의 변화상은 무엇인가?

자본주의의 역사와 발전상에 대해 알아보면서 자본주의라는 경제 체제가 인류를 위해 어떻게 복무했는지, 문제가 발생하면 그때마다 인류에게 봉사하기 위해 어떤 모습으로 변신했는지에 대해 알아봅니다. 이를 통해 논쟁이 끊이지 않는 21세기의 자본주의가 어떻게 변해야 할지에 대해 생각해 보도록 합니다.

세더잘 05

비만 왜 사회문제가 될까?

콜린 힌스, 김종덕 | 전국사회교사모임 옮김

왜 지구 한쪽에서는 굶어 죽는데,
다른 한쪽에서는 비만으로 죽는 걸까?

이 책은 이러한 역설에서 출발합니다. 오늘날 비만이 왜 사회 문제가 되었는지 역사적, 문화적 관점에서 살피고 선진국과 개발도상국에서 나타나는 비만 문제의 양상과 그 속에 숨은 식품산업의 어두운 그림자, 나아가 전 세계적 차원의 식량 문제로까지 사고의 범위를 넓혀 줍니다.

세더잘 04

이주 왜 고국을 떠날까?

루스 윌슨 글 | 전국사회교사모임 옮김 | 설동훈 감수

지구촌 다문화 시대의 국제 이주 바로 알기

오늘날 국제 사회와 다문화, 다민족 사회를 이해하기 위해 꼭 알아야 할 '이주'에 관한 책. 왜 사람들은 이주를 선택하거나 강요받는지에 대한 다양한 관점을 제시하고, 또 이에 대한 정부의 정책과 국제기구의 활동도 알려 줍니다.

세더잘 03

중국 초강대국이 될까?

안토니 메이슨 글 | 전국사회교사모임 옮김 | 백승도 감수

세계 초강대국으로 떠오르고 있는 중국 바로 알기

우리나라는 정치·경제적으로 중국과 더욱 긴밀한 관계를 맺고 있습니다. 가까운 미래에 중국의 영향력은 더 커질 것이기에 중국을 제대로 이해해야 합니다. 이 책은 객관적 시선으로 중국을 편견 없이 바라보도록 돕습니다.

세더잘 02

테러 왜 일어날까?

헬렌 도노호 글 | 전국사회교사모임 옮김 | 구춘권 감수

**평화로운 세상을 위해 더 잘 알아야 하는
불편한 진실, 테러**

이 책은 테러에 대해 어떤 특정 사건과 집단 대신 '테러'라는 하나의 축으로 세계 갈등의 역사를 조망합니다. 나아가 평화로운 세상을 만들기 위해서 테러에 대해 잘 알아야 한다고 역설합니다.

세더잘 01

공정무역 왜 필요할까?

아드리안 쿠퍼 글 | 전국사회교사모임 옮김 | 박창순 감수

공정 무역 = 페어플레이. 초콜릿과 축구공으로 보는 세계 경제의 진실

공정무역을 포함한 무역과 시장경제를 올바르게 이해하도록 돕습니다. 오늘날 기업은 생존과 발전을 위해서 사회적 책임을 다해야 하고, 따라서 공정무역에 관심을 가질 수밖에 없습니다. 우리 아이들이 미래의 리더가 되기 위해 꼭 알아야 할 공정무역에 관한 책입니다.

※ **디베이트 월드 이슈 시리즈 세더잘**은 계속 출간됩니다.